Dreher

Die betriebsverfassungsrechtliche Stellung von Leiharbeitnehmern

Melanie Dreher

Die betriebsverfassungsrechtliche Stellung von Leiharbeitnehmern

Schriftenreihe zur Zeitarbeit

Verlag Personal, Recht, Management Ltd.

Bibliographische Information der deutschen Nationalbibliothek
Die Deutsche Nationalbibliothek verzeichnet diese Publikation in der Deutschen Nationalbibliographie; detaillierte bibliographische Daten sind im Internet über http://dnb.d-nb.de abrufbar.

Niederlassung Deutschland: Lindlaustr. 2a, 53842 Troisdorf

Umschlagskonzeption: Verlag Personal, Recht, Management Ltd.
Satz: Verlag Personal, Recht, Management Ltd.
Druck: Books on Demand GmbH, Norderstedt
Printed in Germany, Juni 2009

ISBN 978-3-941388-04-8

Vorwort

Für viele Unternehmen gewinnt der Einsatz vom Fremdpersonal stetig an Bedeutung. Die Entscheidungsträger sind der Auffassung, dass viele innerbetriebliche Aufgaben von spezialisierten Dienstleistungsunternehmen aus betriebswirtschaftlicher Sicht zu geringeren Kosten[1], und auch höher qualifizierter und flexibler durch bedarfsgerechten Einsatz von Fremdpersonal, durchgeführt werden können. Losgelöst vom Problem der Arbeitnehmerschutz- und Kündigungsschutzbestimmungen kann eine höhere Personalflexibilität erreicht werden. Ebenso kann kurzfristiger Personalbedarf stunden-, tage- oder wochenweise abgedeckt werden, ohne die unternehmensinterne Personalwirtschaft mit Überstunden oder Kurzarbeit zu belasten.[2] Im wirtschaftlichen Tagesgeschehen wird der Einsatz von Fremdpersonal als Zeitarbeit, Leiharbeit oder Personalleasing bezeichnet. Das AÜG selbst nennt seinen Regelungsgegenstand Arbeitnehmerüberlassung und verwendet für die Beteiligten die Begriffe Leiharbeitnehmer, Verleiher und Entleiher. Diese Terminologie hat Eingang in den allgemeinen Sprachgebrauch und die arbeitsrechtliche Literatur gefunden. Daher wird im Folgenden dieser Terminus übernommen, auch wenn er juristisch nicht korrekt ist.[3]

Vor dem Hintergrund einer relativ hohen Arbeitslosenquote erlebte die Zeitarbeitsbranche in den vergangenen Jahren einen enormen Aufschwung. Ende 2007 waren ca. 715.000 Arbeitnehmer[4] in der Zeitarbeit beschäftigt, Ende Juni 2008 zählte man bereits 745.000 Zeitarbeitnehmer.[5] Doch Leiharbeit nimmt nicht nur zahlenmäßig zu, damit einhergehend verändert sich auch ihr Charakter.[6] Nach dem Wegfall der Höchstüberlassungsdauer, von zuletzt 24 Monaten, werden Leiharbeitnehmer jedoch immer häufiger auf Dauerarbeitsplätzen eingesetzt, die zuvor mit Stammarbeitnehmern besetzt waren. In Folge dessen können immer weniger äußerliche Unterschiede bei denen in einem Betrieb beschäftigten Arbeitnehmern verzeichnet werden.

Jedoch existieren individual- und tarifrechtlich unterschiedliche Rechtsbeziehungen zwischen Stamm- und Fremdfirmenmitarbeitern und ihrem Beschäftigungsarbeitgeber. Außerdem unterscheidet sich der Umfang ihres kollektivrechtlichen Schutzes. Um die entsprechenden Arbeitnehmergruppen sachgerecht betriebsverfassungsrechtlich zuordnen zu können, ist es zunächst nötig, danach abzugrenzen, innerhalb welchen rechtlichen Rahmens die Fremdfirmenarbeit geleistet wird. Von der individualrechtlichen Einordnung hängt es ab,

---

[1] Vgl. Hamann, Fremdpersonal im Unternehmen, S. 24.

[2] Vgl. Dewender, S. 1.

[3] Vgl. Schüren/Hamann, § 1 Rn. 28; zur juristischen Korrektheit Thüsing/Waas, §1 Rn. 23.

[4] Vgl. Ragnitz, S. 24.

[5] http://www.bza.de/676.html.

[6] Vgl. Rohde, Leiharbeit, S. 5.

welche betriebsverfassungsrechtlichen Rechte dem Beschäftigen zustehen und welcher Betriebsrat für die Wahrnehmung der Mitbestimmungsrechte letztendlich zuständig ist.[7] Es werden in diesem Buch lediglich die Probleme behandelt, die sich an der Schnittstelle zwischen Betriebsverfassungsrecht und Arbeitnehmerüberlassung ergeben. Individualrechtliche und tarifvertragliche Probleme werden hier eingangs nur peripher behandelt, soweit dies dem Verständnis förderlich erscheint.

Die Arbeitnehmerschutzgesetze, insbesondere das hier behandelte Betriebsverfassungsgesetz wurden für Arbeitnehmer entwickelt, die im sog. „Normalarbeitsverhältnis" beschäftigt sind. Daher ist es wichtig die betriebsverfassungsrechtlichen Beteiligungsrechte dahingehend zu untersuchen, ob und in welchem Umfang diese auf Leiharbeitnehmer zutreffen und in welchem Betrieb diese sinnvoll wahrgenommen werden können bzw. müssen. In diesem Buch wird lediglich die Stellung der Leiharbeitnehmer in der Betriebsverfassung für die Privatwirtschaft behandelt. Soweit nichts anderes angegeben ist, beziehen sich die folgenden Ausführungen auf die sog. unechte bzw. gewerbsmäßige Leiharbeit, als die für die Praxis wichtigste Form des Drittpersonaleinsatzes.

Durch die für die Arbeitnehmerüberlassung typische Aufspaltung der Arbeitgeberbefugnisse zwischen Ver- und Entleiher im Dreiecksverhältnis ergeben sich zahlreiche betriebsverfassungsrechtliche Fragestellungen, welche die Individualrechte der Leiharbeitnehmer und die Mitwirkungs- und Mitbestimmungsrechte der Betriebsräte in beiden Betrieben betreffen. Um diese Fragestellungen soll es im Folgenden gehen, mit dem Ziel die Beteiligungsrechte der Betriebsräte im Ver- und Entleiherbetrieb zu ermitteln. Dabei bezweckt das BetrVG die Kompensation der fehlenden individuellen Verhandlungsmöglichkeiten der Arbeitsbedingungen im Entleiherbetrieb. Dies ist charakteristisch für alle Varianten der Fremdfirmenarbeit. Das Fremdpersonal erbringt seine Arbeitsleistung in einem Drittbetrieb, also innerhalb des Betriebs eines Arbeitgebers, zu dem sie in keinem Arbeitsverhältnis stehen. Die Arbeitsbedingungen im Entleiherbetrieb werden durch das Direktionsrecht des Beschäftigungsarbeitgebers im Entleiherbetrieb ausgestaltet, und sind für den Leiharbeitnehmer nicht verhandelbar. Er hat keine Möglichkeit vor Arbeitsantritt etwaige Bedingungen zu verhandeln, denn das Grundarbeitsverhältnis besteht nur zum Verleiher. Der Verleiher wiederum überlässt den Leiharbeitnehmer an einen Dritten zur Arbeitsleistung. Somit unterliegt dem Verleiher als Arbeitgeber nicht nur den Einsatzbetrieb zu bestimmen, er bestimmt damit einhergehend ebenfalls den konkreten Beschäftigungsarbeitgeber des Leiharbeitnehmers. Dessen Direktiven und Vorstellungen hat der Leiharbeitnehmer nunmehr, auf Basis des übertragenen Direktionsrechtes, zu folgen. Mit diesem Umstand wird das besondere Schutzbedürfnis von Leiharbeitnehmern begründet.

[7] Vgl. Dewender, S. 4.

Inhaltsverzeichnis

Abkürzungsverzeichnis

a.A.	anderer Ansicht
a.a.O.	am angegebenen Ort
Abs.	Absatz/Absätze
AEntG	Arbeitnehmerentsendegesetz
a.F.	alte Fassung
AGG	Allgemeines Gleichbehandlungsgesetz
AktG	Aktiengesetz
ANG	Arbeitsnachweisgesetz
AP	Arbeitsrechtliche Praxis (Nachschlagewerk des Bundesarbeitsgerichts; zitiert nach laufender Nummer, Paragraf und Gesetz)
APS	Ascheid/Preis/Schmidt, Kündigungsrecht, Großkommentar zum gesamten Recht der Beendigung von Arbeitsverhältnissen
ArbG	Arbeitsgericht
ArbGG	Arbeitsgerichtsgesetz
ArbSchG	Arbeitsschutzgesetz
AR-Blattei (SD)	Arbeitsrechts-Blattei (Systematische Darstellung), Handbuch für die Praxis
Art.	Artikel
AuR	Arbeit und Recht
AÜG	Gesetz zur Regelung der gewerbsmäßigen Arbeitnehmerüberlassung (Arbeitnehmerüberlassungsgesetz)
AVAVG	Gesetz über Arbeitsvermittlung und Arbeitslosenversicherung
BB	Betriebs-Berater
BeckRS	Beck-Rechtsprechung (BeckOnline)
BetrVG	Betriebsverfassungsgesetz
BGB	Bürgerliches Gesetzbuch
BGBl.	Bundesgesetzblatt
BillGB	Gesetzes zur Bekämpfung der illegalen Beschäftigung
BT-Ds.	Bundestagsdrucksache
BVerfGE	Entscheidungen des Bundesverfassungsgerichts
BZA	Bundesverband Zeitarbeit Personal-Dienstleistungen e.V.
bzgl.	bezüglich
d.h.	das heißt
DB	Der Betrieb
DGB	Deutscher Gewerkschaftsbund
Einl.	Einleitung
ErfK	Erfurter Kommentar zum Arbeitsrecht
EU	Europäische Union
EzA	Entscheidungssammlung zum Arbeitsrecht
f.	folgende
ff.	fortfolgende
FDP	Freie Demokratische Partei
FESTL	Fitting/Engels/Schmidt/Trebinger/Linsenmaier, Betriebsverfassungsgesetz mit Wahlordnung, Handkommentar
FS	Festschrift

gem.	gemäß
GewO	Gewerbeordnung
GG	Grundgesetz für die Bundesrepublik Deutschland
ggf.	gegebenenfalls
GK-BetrVG	Gemeinschaftskommentar zum Betriebsverfassungsgesetz mit Wahlordnungen, herausgegeben von Kraft/Wiese/Kreutz
h.M.	herrschende Meinung
Hs.	Halbsatz
Hrsg.	Herausgeber/in
i.E.	im Ergebnis
iGZ	Interessenverband Deutscher Zeitarbeitsunternehmen e.V.
insb.	insbesodere/s
i.S.d.	im Sinne des
i.S.v.	im Sinne von
i.V.m.	in Verbindung mit
JbArbR	Jahrbuch des Arbeitsrechts
JURA	Juristische Ausbildung
KSchG	Kündigungsschutzgesetz
LAG	Landesarbeitsgericht
MTV	Manteltarifvertrag
NachwG	Nachweisgesetz
NJOZ	Neue Juristische Online-Zeitschrift
NJW	Neue Juristische Wochenschrift
Nr.	Nummer/n
NZA	Neue Zeitschrift für Arbeitsrecht
NZA-RR	Neue Zeitschrift für Arbeitsrecht -RechtsprechungsReport
o.ä.	oder ähnliche/r/s
RdA	Recht der Arbeit
Rn.	Randnummer
S.	Seite/n
SGB IX	Sozialgesetzbuch Neuntes Buch
sog.	so genannte/r/es
SPD	Sozialdemokratische Partei Deutschlands
TzBfG	Teilzeit- und Befristungsgesetz
u.a.	unter anderem
u.ä.	und ähnliche/s
usw.	und so weiter
u.U.	unter Umständen
vgl.	vergleiche
zit.	zitiert
z.B.	zum Beispiel

1 Definitorische Grundlagen und begriffliche Abgrenzung

Im folgenden Überblick der Arbeitnehmerüberlassung wird zunächst dargestellt, was unter dem Begriff Arbeitnehmerüberlassung grundsätzlich zu verstehen ist und welche Rechtsbeziehungen diesem zugrunde liegen. Außerdem wird die Abgrenzung zu anderen Vertragsarten aufgezeigt sowie die verschiedenen Arten der Arbeitnehmerüberlassung.

1.1 Definition des Begriffs der Arbeitnehmerüberlassung

Das Arbeitnehmerüberlassungsgesetz bietet keine Legaldefinition des Begriffs Arbeitnehmerüberlassung. Es stellt jedoch bereits im einleitenden § 1 Abs. 1 Satz 1 AÜG klar, was unter dem Begriffen Verleiher, Entleiher und Leiharbeitnehmer zu verstehen ist.

Arbeitnehmerüberlassung bedeutet insofern, dass auf Grundlage des Arbeitnehmerüberlassungsvertrages ein selbständiger Unternehmer (Verleiher) einen gewerbsmäßig eingestellten Arbeitnehmer (Leiharbeitnehmer) zum Zwecke der Arbeitsleistung einem Dritten (Entleiher) überlässt.[8] Die gewerbsmäßige Arbeitnehmerüberlassung stellt folglich eine besondere Ausgestaltung von Vertragsbeziehungen im Dreipersonenverhältnis dar.

1.2 Rechtsbeziehungen im Leiharbeitsverhältnis

Der Verleiher schließt mit dem Leiharbeitnehmer einen Arbeitsvertrag gem. § 611 BGB, § 11 AÜG und ist somit Vertragsarbeitgeber des Leiharbeitnehmers. Im Übrigen gelten die allgemeinen Regeln für Arbeitsverträge und die Bestimmungen des TzBfG.[9] Darüber hinaus behält der Verleiher auch während der Überlassungszeit die Position des (Vertrags-) Arbeitgebers.[10] Auf dem Arbeitsmarkt tritt er als Zeitarbeitsunternehmen in Aktion.

Der Verleiher wiederum schließt mit dem Entleiher, der hier als Dritter auftritt, einen Vertrag über die Überlassung eines Arbeitnehmers, den sog. Arbeitnehmerüberlassungsvertrag nach § 11 AÜG. Hier verpflichtet er sich dem Entleiher vorübergehend die Arbeitsleistung eines geeigneten Arbeitnehmers zu verschaffen. Diese Verpflichtung kann als Gattungsschuld i.S.d. § 253 BGB angesehen werden, wenn lediglich eine bestimmte Qualifikation geschuldet wird. Anders wäre es bei der Vereinbarung zur Überlassung eines bestimmten, vom Entleiher spezifisch ausgewählten Leiharbeitnehmers. Hier wäre von einer sog. Stückschuld auszugehen. Daneben besteht ebenfalls ein rechtliches Band zwischen dem Entleiher

---

[8] Vgl. Schaub, § 120 Rn. 1.

[9] Vgl. Löwisch, Arbeitsrecht, 7. Auflage, Rn. 1515; Frensch, S. 43.

[10] Vgl. Schüren/*Hamann,* Einleitung Rn. 100.

und dem Leiharbeitnehmer.[11] Der überlassene Arbeitnehmer tritt zwar in keine arbeitsvertraglichen Beziehungen zum Einsatzbetrieb, wird aber für die Dauer des Einsatzes in dessen Betrieb eingegliedert und erbringt dort seine Arbeitsleistungen. Die im Arbeitsvertrag mit dem Verleiher begründeten Arbeitgeberbefugnisse müssen nunmehr zwischen dem Verleiher und dem Entleiher aufgeteilt werden, da das Arbeitsverhältnis tatsächlich beim Entleiher vollzogen wird. Das rechtliche Band wird demnach aus dem Leiharbeitsverhältnis selbst hergeleitet, da ein Arbeitsvertrag in dieser Konstellation fehlt. Der Entleiher erwirbt in Folge dessen partiell die Stellung eines Arbeitgebers, denn ihm obliegen nunmehr Fürsorge-, Schutz-, Gesundheits- und Sorgfaltspflichten und er übt das Direktionsrecht aus.[12] Es existieren somit zwei Arbeitgeber, ein Vertrags- und ein Beschäftigungsarbeitgeber.

Aus dieser besonderen Konstellation heraus wird ein besonders Schutzbedürfnis der Leiharbeitnehmer hergeleitet. Nicht nur, dass er in eine fremde Betriebsorganisation eingebettet ist, in der es ihm nicht möglich war individualvertragliche Abreden zu treffen, von ihm wird darüber hinaus ein besonderes Maß an Flexibilität verlangt. Da er im Regelfall nur wenige Wochen bei ein und demselben Entleiher eingesetzt wird,[13] muss er sich regelmäßig auf ein verändertes betriebliches Umfeld einstellen.

Daneben ist jedoch zu beachten, dass bereits das BAG darauf hingewiesen hat, dass nicht nur die Ver- und Entleiher von der Leiharbeit profitieren. Auch für den Leiharbeitnehmer selbst kann es ein spezifisches Interesse an der Leiharbeit geben. Denn Arbeitnehmerüberlassungsverträge erfüllen ein besonderes wirtschaftliches Bedürfnis. „Sie mobilisieren die Arbeitskraft solcher Arbeitnehmer, die aus verschiedenen Gründen keine Dauerstellung, auch nicht für eine Teilzeitbeschäftigung, annehmen können oder wollen. Dies gilt namentlich für Arbeitskräfte, die einerseits auf eine besonders elastische Gestaltung der Arbeitszeit Wert legen, andererseits, wenn sie zur Verfügung stehen, sofort in einer ihren individuellen Fähigkeiten entsprechenden Weise eingesetzt werden möchten und durch die Beziehung zu dem ihnen bekannten, zuweisenden Unternehmer gesichert sein wollen.“[14].

1.3 Abgrenzung der Arbeitnehmerüberlassung

Die Arbeitnehmerüberlassung i.S.d. AÜG setzt voraus, dass der Arbeitnehmer tatsächlich in Drittunternehmen zur Arbeitsleistung überlassen wird. Eine praxisrelevante Form des Fremdpersonaleinsatzes neben der Arbeitnehmerüberlassung stellen Dienst- und Werkverträge dar. Bereits aus der Gesetzesbegründung zum AÜG geht hervor, dass keine Überlassung vorliegt, wenn ein Arbeitnehmer aufgrund eines Werkvertrages als Erfüllungsgehilfe

[11] Vgl. Schüren/*Hamann,* Einleitung Rn. 99, 101.

[12] Vgl. Körner, NZA 2006, S. 573.

[13] Vgl. BT-Ds. 15/6008, S. 16, ca. 60 % der Leiharbeitsverhältnisse dauern kürzer als drei Monate.

[14] BVerfG v. 4.4.1967, BVerfGE 21, 261 = BB 1967, S. 463.

in einem Drittunternehmen tätig wird.[15] In der Praxis wird versucht mittels Vertragsgestaltungen, welche die tatsächliche Arbeitnehmerüberlassung verschleiern sollen, betriebsverfassungsrechtliche Befugnisse auszuhebeln. Einerseits um betriebsverfassungsrechtliche Kosten zu minimieren, andererseits um die Beteiligungsrechte des Betriebsrats zu unterlaufen. Daher liegt ein Problem in der oft schwierigen Abgrenzung zwischen den einzelnen Formen des drittbezogenen Personaleinsatzes. Die in der Praxis häufigste Form stellt Fremdpersonal dar, das aufgrund von Werk- und Dienstverträgen in einem Unternehmen eingesetzt wird.[16] Daher werden im Folgenden lediglich diese Formen, nebst ihrer etwaigen betriebsverfassungsrechtlichen Auswirkungen, näher erläutert.

1.3.1 Werk- und Dienstvertrag

Obwohl in beiden Fällen ein Unternehmer für einen anderen tätig wird unterscheiden sich die beiden Vertragstypen. Der Unterschied liegt darin, dass beim Werkvertrag die Erbringung eines bestimmten Erfolgs, beim Dienstvertrag die Erbringung einer bestimmten Tätigkeit geschuldet wird. Die Erstellung des Werkes bzw. die Erfüllung der Dienste obliegt dem Werk- bzw. Dienstarbeitnehmer grundsätzlich selbständig. Der Auftraggeber hat ein sehr eng begrenztes Weisungsrecht, dass sich nur auf die Erfüllung der Aufgaben bzw. die Erstellung des Werkes bezieht.[17] Grundsätzlich ist er in seinen Handlungen jedoch weitgehend frei. Auf der Grundlage vielfältiger Abgrenzungsschwierigkeiten in der Praxis und der daraus resultierenden Probleme, haben das BAG und die Literatur eine Reihe von Abgrenzungskriterien entwickelt. Ergänzend wurden von der Bundesanstalt für Arbeit Durchführungsanweisungen zum AÜG festgelegt, um die Bundesanstalt für Arbeit und ihre Dienststellen im Verfahren zur Erteilung der Verleiherlaubnis gem. § 1 Abs. 1 AÜG unterstützen.[18]

1.3.1.1 Wertende Gesamtbetrachtung

Entscheidend für die rechtliche Einordnung des drittbezogenen Personaleinsatzes ist immer eine wertende Gesamtbetrachtung des Einzelfalls. Hierbei kommt es auf die tatsächliche Vertragspraxis an. Dies gilt insbesondere dann, wenn sich die der Vertragsinhalt und die Vertragspraxis widersprechen.[19] Ausschlaggebend ist folglich der objektive Geschäftsinhalt, also die tatsächliche Durchführung des Vertrages. Denn aus der Praxis der Vertragsbe-

---

[15] BT-Ds. 6/2303, S. 10.

[16] Vgl. Niebler/Biebl/Ross, S. 31, Rn. 46.

[17] Vgl. Steinau-Steinrück, NJW-Spezial 2006, Heft 2, S. 81.

[18] http://www.arbeitsagentur.de/zentraler-Content/A01-Allgemein-Info/A0150-Oeffentlichkeitsarbeit/Publikation/pdf/DA-Arbeitnehmerueberlassungsgesetz.pdf.

[19] Vgl. Steinau-Steinrück, NJW-Spezial 2006, S. 82.

ziehungen kann am ehesten ein Rückschluss darauf gezogen werden, was die Parteien prinzipiell angestrebt haben.[20]

1.3.1.2 Folgen falscher rechtlicher Grundlagen

Wird eine Arbeitnehmerüberlassung irrtümlich als Werk- oder Dienstvertrag bezeichnet, so handelt es sich um illegale Arbeitnehmerüberlassung. Diese wird detaillierter im Unterpunkt 1.4.3. erörtert.

1.3.1.3 Auswirkungen von werk- und dienstvertraglichen Leistungen

Es ist fraglich, ob der Betriebsrat bei dem Einsatz von Fremdarbeitnehmern im Rahmen eines Werk- oder Dienstarbeitsverhältnisses zu beteiligen ist. Seine Beteiligung könnte in den folgenden zwei Fällen von Bedeutung sein. Zunächst könnte das der Beschäftigung zugrunde liegende Rechtsverhältnis tatsächlich nicht als Werk- oder Dienstvertrag zu klassifizieren sein, sondern als Arbeitnehmerüberlassung. Sollte es sich um eine Arbeitnehmerüberlassung handeln, so stünden dem Beschäftigungsbetriebsrat u.a. vor der Übernahme die Beteiligungsrechte gem. § 99 BetrVG zu. Diese kommen entweder aufgrund des Schutzbereiches des § 14 Abs. 2 und 3 AÜG in Betracht, oder aber wenn der Verleiher nicht über eine Erlaubnis zur Arbeitnehmerüberlassung verfügt. Hier würde in der Rechtsfolge ein Arbeitsverhältnis zum Betriebsinhaber des Beschäftigungsbetriebes gem. §§ 10 Abs. 1, 9 Ziff. 1 AÜG fingiert. Ist vorstehendes zu verneinen, stellt sich weiterhin die Frage, ob bei der rechtlich gesicherten Beschäftigung von Werk- und Dienstvertragsarbeitnehmern der Betriebsrat des Bestellers generell gem. § 99 BetrVG zu beteiligen ist.[21] Dazu hat das BAG durch Rechtsprechung entschieden, dass eine mitbestimmungspflichtige Einstellung i.S.d. § 99 BetrVG nur vorliegt, wenn der Betriebsinhaber die Personalhoheit über die jeweiligen Werk- oder Dienstleistungsarbeitnehmer hat.[22] Dieses maßgebliche Kriterium ist jedoch nicht gegeben, da die Personalhoheit beim Werk- oder Dienstleistungsunternehmen verbleibt. Der Besteller hat lediglich eine Weisungsbefugnis im Rahmen von werkvertraglichen Anweisungen.[23] Somit kann der Betriebsrat im Auftragsunternehmen, aufgrund der rechtlichen Einordnung des Vertrages sowie in Ermangelung einer Einstellung i.S.d. § 99 BetrVG, keine Mitbestimmungsrechte bei der Beschäftigung von Werk- und Dienstvertragsarbeitnehmern geltend machen. Vielmehr sind Rationalisierungsmaßnahmen des Einsatzbetriebs in Form von Fremdpersonaleinsatz der Sphäre unternehmerischer Gestaltungsfreiheit zuzuordnen.[24] Dienst- und Werkvertragsarbeitnehmern ist auch das Wahl-

[20] BAG vom 6.8.2003, BB 2004, 669.

[21] Vgl. Loof, S. 223.

[22] BAG vom 5.3.199, NZA 1991, S. 686; BAG vom 9.7.1990 AP Nr. 94 zu § 99 BetrVG 1972.

[23] Vgl. Kaufmann, S. 49.

[24] Vgl. Dauner-Lieb, NZA 1992, S. 825.

recht gem. § 7 Satz 2 BetrVG zum Betriebsrat des Entleiherbetriebs verwehrt,[25] denn dies kann nur zur Arbeitsleistung überlassenen Arbeitnehmern gewährt werden. Bei der Beschäftigung von Dienst- und Werkarbeitnehmern handelt es sich jedoch gerade nicht um eine Arbeitnehmerüberlassung mit der dazugehörigen Eingliederung in den Beschäftigungsbetrieb und dem Übergang des Direktions- und Weisungsrechts.

1.3.2 Gemischte Verträge

Gemische Verträge sind Kauf- oder Mietverträge über Anlagen, Geräte, Systeme, Programme o.ä. bei denen Bedienungs-, Wartungs-, Montage- oder Einweisungspersonal mitüberlassen wird.[26] Hier ist davon auszugehen, dass die Gestellung des Personals als vertragliche Nebenpflicht anzusehen ist. Maßgeblich ist hier, ob die Gebrauchsüberlassung oder die dazugehörige Personalgestellung, die den Einsatz des Kauf- oder Mietgegenstandes erst möglich macht, im Vordergrund steht. Die vorübergehende Stellung von Personal, in Verbindung als Neben- oder Folgeleistung eines Kauf- oder Mietvertrages, löst keine Änderung ihrer betriebsverfassungsrechtlichen Stellung aus. Sie bleiben betriebsverfassungsrechtlich vollständig ihrem entsendenden Betrieb zugeordnet und der dortige Betriebsrat nimmt ihre betriebsverfassungsrechtlichen Befugnisse wahr.

1.3.3 Sonstiger drittbezogener Personaleinsatz

Wie bereits erwähnt gibt es noch weitere Formen des drittbezogenen Personaleinsatzes neben den Werk- und Dienstverträgen. So handelt es sich z.B. bei dem Geschäftsbesorgungsvertrag um einen Dienst- oder Werkvertrag, der eine Geschäftsbesorgung zum Gegenstand hat.[27] Da dieser in Summe sehr viel seltener praktiziert wird, wird hier von einer weiteren Darstellung abgesehen. Auch auf Grundlage der sog. freien Mitarbeit lässt sich Fremdpersonal im Unternehmen einsetzen. Rechtlich handelt es sich hier um einen freien Dienstvertrag nach § 611 BGB, wobei Rechtsbeziehungen nur zwischen Auftraggeber und Mitarbeiter bestehen. Bei dieser Arbeitsform steht dem Auftraggeber, gegenüber dem freien Mitarbeiter, kein Direktionsrecht zu. Somit lösen die o.g. weiteren Formen des Fremdpersonaleinsatzes ebenfalls keine Änderung der betriebsverfassungsrechtlichen Stellung des Drittpersonals aus. Sie bleiben betriebsverfassungsrechtlich vollständig ihrem entsendenden Betrieb zugeordnet. Der dortige Betriebsrat nimmt ihre betriebsverfassungsrechtlichen Befugnisse wahr.

1.3.4 Zusammenfassung

Im Vergleich der bisher dargestellten Formen des drittbezogenem Personaleinsatzes kann festgestellt werden, dass, außer im Bereich der gewerbsmäßigen Arbeitnehmerüberlassung,

---

[25] Vgl. FESTL, § 7 Rn. 54.

[26] Vgl. Kull, S. 129.

[27] Vgl. Kull, S. 60.

keine Anhaltspunkte gefunden werden konnten, welche auf eine besondere betriebsverfassungsrechtliche Stellung des Drittpersonals im Einsatzbetrieb hinweisen.

1.4 Arten der Arbeitnehmerüberlassung

Im Folgenden wird erörtert welche Arten der Arbeitnehmerüberlassung möglich sind und wie sich diese in ihrer rechtlichen Ausgestaltung unterscheiden. Des Weiteren wird die Auswirkung der Art der Überlassung auf die betriebsverfassungsrechtliche Stellung der Leiharbeitnehmer dargestellt. Da das AÜG nur Anwendung findet, soweit ein Leiharbeitnehmer einem Dritten gewerbsmäßig überlassen wird, ist zunächst der Begriff der Gewerbsmäßigkeit zu erläutern. Darauf aufbauend ist der Begriff der gewerbsmäßigen Arbeitnehmerüberlassung aufzuklären. Das AÜG selbst liefert keine Definition der Gewerbsmäßigkeit. Da das AÜG jedoch ein gewerberechtliches Spezialgesetz[28] ist, und die Arbeitnehmerüberlassung als ein bestimmtes Gewerbe sozialverträglich reglementieren soll,[29] legt die Rechtsprechung[30] den gewerberechtlichen Begriff zugrunde.

1.4.1 Gewerbsmäßige Arbeitnehmerüberlassung

Die gewerbsmäßige Arbeitnehmerüberlassung durch reine Verleihunternehmen bildet das Leitbild der gesetzlichen Regelungen im AÜG.[31] In § 1 Abs. 1 AÜG wird der allgemeine Gewerbebegriff zugrunde gelegt. Dieser beinhaltet eine selbständige, nicht nur gelegentliche, sondern auf Dauer angelegte Tätigkeit zur Erlangung wirtschaftlicher Vorteile.[32] Selbständig ist die Tätigkeit, wenn die Verleihertätigkeit auf eigene Rechnung sowie auf eigene unternehmerische Verantwortung betrieben wird. Für die Verwirklichung des Tatbestandsmerkmals der auf Dauer angelegten Tätigkeit genügt eine Wiederholungsabsicht. Als nicht Dauerhaft wird jedoch die Abdeckung von vorübergehenden Spitzen in einer Notfall- oder Ausnahmesituation angesehen, Bagatellfälle sollen jedoch ausgeklammert werden.[33] Das letzte und gewichtigste Kriterium bildet die Gewinnerzielungsabsicht. Hier kommt es nicht auf die tatsächliche Erzielung eines Gewinns, sondern auf das Erstreben eines solchen an. In der Arbeitnehmerüberlassung ist es nicht selten, dass gerade kostendeckend zur Steigerung von Geschäftsbeziehungen o.ä. gewirtschaftet wird. Selbständig ist die Tätigkeit, wenn die Verleihertätigkeit auf eigene Rechnung sowie auf eigene unternehmerische Verantwortung betrieben wird. Für die Verwirklichung des Tatbestandsmerkmals der auf Dauer

[28] Vgl. Schüren/*Hamann,* § 1 Rn. 279.

[29] Vgl. Niebler/Biebl/Ross, S. 46, Rn. 97.

[30] BAG vom 10.2.1977, AP Nr. 9 zu § 103 BetrVG 1972 = NJW 1977, S. 1413.

[31] Vgl. Hamann, Fremdpersonal im Unternehmen, S. 31.

[32] Vgl. Schüren/*Hamann,* § 1 Rn. 274.

[33] Vgl. ErfK/*Wank,* § 1 Rn. 53 AÜG.

angelegten Tätigkeit genügt eine Wiederholungsabsicht. Als nicht Dauerhaft wird jedoch die Abdeckung von vorübergehenden Spitzen in einer Notfall- oder Ausnahmesituation angesehen, Bagatellfälle sollen jedoch ausgeklammert werden.[34] Das letzte und gewichtigste Kriterium bildet die Gewinnerzielungsabsicht. Hier kommt es nicht auf die tatsächliche Erzielung eines Gewinns, sondern auf das Erstreben eines solchen an. In der Arbeitnehmerüberlassung ist es nicht selten, dass gerade kostendeckend zur Steigerung von Geschäftsbeziehungen o.ä. gewirtschaftet wird.

1.4.2 Nicht gewerbsmäßige Überlassung

Um nicht gewerbsmäßige Überlassung, bzw. die sog. echte Leiharbeit, handelt es sich, wenn Leiharbeitnehmer nur gelegentlich und nicht gewerbsmäßig an einen anderen Unternehmer zur Arbeitsleistung überlassen werden.[35] Im Gegensatz zur unechten Leiharbeit entfalten hier die Normen des AÜG keine Wirksamkeit. Zur Abgrenzung wird auf die Regelungen im Arbeitnehmerüberlassungsvertrag zurückgegriffen.[36] Der primäre Unterschied zwischen einem, bei einem reinen Verleiherbetrieb bzw. Mischbetrieb angestellten Leiharbeitnehmer (unechter Leiharbeitnehmer), und einem nur vorübergehend entgeltlich oder unentgeltlich überlassenen Stammarbeitnehmer (echter Leiharbeitnehmer), ist im Folgenden zu sehen: Ersterer erklärt bereits mit dem Abschluss des Arbeitnehmerüberlassungsvertrages sein Einverständnis, bei einem Dritten zur Arbeitsleistung überlassen zu werden und im dortigen Einsatzbetrieb seine vertragliche Arbeitspflicht zu erfüllen. Der nicht gewerbsmäßig handelnde Entleiher beschäftigt den echten Leiharbeitnehmer als Stammarbeitnehmer grundsätzlich im eigenen Betrieb. Daher braucht er zur Überlassung an einen Dritten, mangels arbeitsvertraglicher Vereinbarung, jeweils die vorherige Zustimmung des Arbeitnehmers, soweit dieser vorübergehend zur Arbeitsleistung überlassen werden soll. Somit wird auch bei der echten Leiharbeit das Direktions- und Weisungsrecht durch den Überlassungsvertrag übertragen, und das der Leiharbeit immanente Dreiecksverhältnis besteht auch hier. Folglich ist das betriebsverfassungsrechtliche Schutzbedürfnis der echten Leiharbeitnehmer dem der unechten Leiharbeitnehmer gleichzustellen. Grundsätzlich sind die Bestimmungen des AÜG jedoch nur auf die gewerbsmäßige Arbeitnehmerüberlassung anzuwenden. Somit regelt § 14 AÜG grundsätzlich nur die Betriebszugehörigkeit der unechten Leiharbeitnehmer. Eine Bestimmung der Betriebszugehörigkeit von echten Leiharbeitnehmern muss folglich über § 5 BetrVG erfolgen. Hiernach ist die alleinige Betriebszugehörigkeit zum Verleiherbetrieb gegeben. Da echte Leiharbeitnehmer jedoch während der Überlassung, wie unechte Leiharbeitnehmer, im Entleiherbetrieb eingesetzt sind, dort ihre Arbeitleistung erbringen und dem Direktions- und Weisungsrecht des Entleihers unterworfen sind, sind sie den Gefahren der dortigen Betriebssphäre ausgesetzt. Der Betriebsrat des

[34] Vgl. ErfK/*Wank,* § 1 Rn. 53 AÜG.

[35] Vgl. Ulber, § 1 Rn. 119 ff., Thüsing/*Thüsing,* Einführung Rn. 13; Kull, S. 64.

[36] Vgl. Pulte, Das deutsche Arbeitsrecht, S. 28.

Verleiherbetriebs kann sie jedoch nur gegenüber dem Verleiher als Vertragsarbeitgeber betriebsverfassungsrechtlich vertreten. Die Vertretung im Entleiherbetrieb muss folglich durch den Entleiherbetriebsrat gewährleistet werden, da sie ansonsten dort betriebsverfassungsrechtlich ohne Schutz wären. Um dieser Schutzlücke entgegen zu wirken, ist § 14 Abs. 2 AÜG analog auf die echte Leiharbeit anzuwenden.

Folglich tritt im Ergebnis bei echter und unechter Arbeitnehmerüberlassung betriebsverfassungsrechtlich ein Gleichlauf ein. Dieser besteht auch beim aktiven Wahlrecht nach § 7 Satz 2 BetrVG, da dies an die beabsichtigte Einsatzdauer der zur Arbeitsleistung überlassenen und nicht an der Gewerbsmäßigkeit[37] der Überlassung anknüpft. Echte Leiharbeit findet beispielsweise Anwendung in konjunktur- oder saisonbedingten Auftragsschwankungen oder bei der Einarbeitung von Arbeitnehmern des Entleihers durch Spezialisten des Verleihers.[38]

1.4.3 Illegale Arbeitnehmerüberlassung

Illegale Arbeitnehmerüberlassung liegt vor, wenn die Parteien gegen Vorschriften des AÜG verstoßen. Dabei kommen bei verschiedenartigen Verstößen unterschiedliche Rechtsfolgen in Betracht. Überlässt ein Unternehmen ohne die, nach § 1 Abs. 1 Satz 1 AÜG, erforderliche Erlaubnis Arbeitnehmer an einen Dritten, liegt die erste Alternative der illegalen Arbeitnehmerüberlassung vor. Ihre Rechtsfolgen sind zum Schutz des Rechtsverkehrs[39] und der Leiharbeitnehmer[40] in § 9 Abs. 1 Ziff. 1 AÜG geregelt. Hier wird die Unwirksamkeit der Rechtsgeschäfte im Dreieckverhältnis angeordnet. Bei Vollzug eines unwirksamen Arbeitnehmerüberlassungsvertrages besteht die Besonderheit, dass Kraft gesetzlicher Fiktion durch § 10 Abs. 1 AÜG ein vollwirksames Arbeitsverhältnis zum Entleiher begründet wird.[41] Diese Rechtsfolge kann nicht ausgeschlossen werden,[42] und das Arbeitsverhältnis gilt ab Beginn der Tätigkeit des Leiharbeitnehmers im Entleiherbetrieb. Diese Norm ist jedoch nur bei der gewerbsmäßigen Arbeitnehmerüberlassung unmittelbar anwendbar.[43] Sie beschränkt sich auf Arbeitnehmerüberlassungen ohne die erforderliche Erlaubnis bei Verleiherbetrieben im Inland.[44] Für den Inhalt des fingierten Arbeitsverhältnisses sind in § 10 Abs. 1 Satz 3 bis 5 AÜG Mindestbedingungen zum Schutze des Leiharbeitnehmers

---

[37] Vgl. Frensch, S. 53.

[38] Vgl. Loof, S. 30.

[39] BT-Ds. 6/2303, S. 13

[40] Vgl. Boemke/Lembke, § 10 Rn. 5.

[41] Vgl. Ulber, § 9 Rn. 2.

[42] Vgl. Schüren/*Hamann,* § 10 Rn. 41.

[43] BAG vom 15.4.1999, DB 1999, S. 2315.

[44] Vgl. Ulber, § 10 Rn. 26.

festgelegt. § 10 Abs. 1 Satz 2 AÜG regelt die Dauer des fingierten Arbeitsverhältnisses. Es kommt befristet zustande, wenn der Einsatz des Leiharbeitnehmers nur befristet vorgesehen war und ein die Befristung des Arbeitsverhältnisses sachlich rechtfertigender Grund vorliegt. Daneben müssen die Grenzen des § 14 TzBfG eingehalten werden, ansonsten kommt ein unbefristetes Arbeitsverhältnis zu Stande. Für die betriebsverfassungsrechtliche Zuordnung bedeutet dies, dass eine Zuordnung zum Verleiher nunmehr nicht mehr möglich ist. Eine gesetzliche Regelung enthält das AÜG für derartige Fälle jedoch nicht. Aufgrund des dem unechten Leiharbeitnehmers entsprechenden Schutzbedürfnisses und dem Gleichlauf der inhaltlichen Ausgestaltung, kommt hier ebenfalls die analoge Anwendung des § 14 AÜG in Betracht. Im Hinblick auf ein entsprechendes Schutzbedürfnis und die vergleichbare Interessenlage bei der Durchführung der illegalen Arbeitnehmerüberlassung, sowie um keine Regelungslücke entstehen zu lassen, wurde die analoge Anwendung des § 14 AÜG vom BAG bejaht.[45] Dies gilt auch für die Anwendbarkeit des § 7 Satz 2 BetrVG, da dieser an der beabsichtigten Dauer der Überlassung anknüpft und nicht an der Legalität der Überlassung. Da das Vorliegen einer illegalen Arbeitnehmerüberlassung die gesetzliche Fiktion des § 10 Abs. 1 AÜG auslöst, wird ein Arbeitsverhältnis zum Entleiher begründet und eine Änderung ihrer betriebsverfassungsrechtlichen Zuordnung ausgelöst. Der zur Arbeitsleistung überlassene Arbeitnehmer ist nunmehr dem Entleiher als fiktivem Vertragsarbeitgeber betriebsverfassungsrechtlich zugeordnet und vom Entsendebetrieb gelöst.

1.4.4 Konzerninterne Arbeitnehmerüberlassung

Auf die konzerninterne Arbeitnehmerüberlassung i.S.d. § 1 Abs. 3 Ziff. 1 – 3 AÜG sind die Bestimmungen des AÜG, mit Ausnahme der in § 1 Abs. 3 AÜG genannten Ordnungsvorschriften, grundsätzlich nicht anzuwenden.[46] Dabei handelt sich bei Ziff. 1 um Arbeitnehmerüberlassung zur Vermeidung von Kurzarbeit oder Entlassungen, bei Ziff. 2 um die vorübergehende konzerninterne Überlassung und bei Ziff. 3 um bestimmte Fälle der Arbeitnehmerüberlassung ins Ausland. Da die Bestimmungen des AÜG für die o.g. Formen der Arbeitnehmerüberlassung grundsätzlich nicht anwendbar sind, kann die betriebsverfassungsrechtliche Zuordnung nicht über § 14 AÜG erfolgen, sondern muss über § 5 BetrVG vorgenommen werden. Auch hier ist ein entspechendes Schutzbedürfnis der zur Arbeitsleistung überlassenen Arbeitnehmer aufgrund der Eingliederung in einen fremden Betrieb und unter das Direktions- und Weisungsrecht eines Dritten anzunehmen. Jedoch hat der Gesetzgeber bei derartig gelagerten Fällen die Anwendung des AÜG explizit in § 1 Abs. 3 AÜG ausgeschlossen, sodass nicht von einer analogen Anwendung des § 14 AÜG ausgegangen werden kann. Dies würde dem ausdrücklichen Willen des Gesetzgebers widersprechen.

[45] BAG vom 15.12.1992, NZA 1993, S. 513 ff..

[46] Vgl. Niebler/Biebl/Ross, S. 67, Rn. 189.

1.4.5 Mischbetriebe

Neben reinen Verleiherbetrieben können auch sog. Mischunternehmen gewerbsmäßige Arbeitnehmerüberlassung betreiben. Diese Unternehmen verfolgen in erster Linie andere Betriebszwecke und sind nur gelegentlich als Verleiher für Drittunternehmen tätig. Es ist jedoch für die Anwendung des AÜG unerheblich, ob die Arbeitnehmerüberlassung als Haupt- oder Nebenzweck betrieben wird.[47] Es ist vielmehr auf den einzelnen Überlassungsvertrag und darauf abzustellen, ob die Überlassung eines Arbeitnehmers zur Arbeitsleistung bei einem Entleiher im Einzelfall die Merkmale der Gewerbsmäßigkeit erfüllt.[48]

1.4.6 Zusammenfassung

Die verschiedenen Arten der Arbeitnehmerüberlassung haben unterschiedliche Auswirkungen auf die betriebsverfassungsrechtliche Stellung der Leiharbeitnehmer. Dabei stechen die Rechtsfolgen der illegalen Arbeitnehmerüberlassung besonders hervor, denn hier wird die betriebsverfassungsrechtliche Zuordnung des Leiharbeitnehmers zum Verleiherbetrieb gelöst und er wird dem Entleiherbetrieb zugeordnet.

---

[47] Vgl. Hamann, Fremdpersonal im Unternehmen, S. 33.

[48] Vgl. Urban-Crell/Schulz, Rn. 94.

2 Historische und betriebsverfassungsrechtliche Entwicklung der Leiharbeit

2.1 Zielsetzung des AÜG

Die aktuelle gesetzliche Grundlage der Arbeitnehmerüberlassung geht auf die richtungweisende Rechtsprechung des Bundesverfassungsgerichts, des Bundessozialgerichts und ebenso der Umsetzung beschäftigungspolitischer Zielsetzungen zurück.[49] Daraus lässt sich schließen, dass das AÜG in seiner heutigen Fassung gleich zwei Funktionen zu erfüllen versucht. Zunächst bildet es die gesetzliche Grundlage für die gewerbsmäßige Arbeitnehmerüberlassung, als ein außergewöhnliches Arbeitsverhältnis mit mehreren Beteiligten in einem Dreiecksverhältnis. Zum anderen dient es der Bekämpfung von illegaler Beschäftigung mit entsprechender Sanktionierung durch Ordnungswidrigkeiten- und Strafvorschriften bei Verstößen gegen die gesetzlichen Gegebenheiten.[50]

2.2 Ursprung der Leiharbeit

Der Ursprung der Dienstleistung Leiharbeit entstand 1948 in den USA durch die Gründung des ersten Leiharbeitsunternehmens (Manpower). Durch zunächst fehlende gesetzliche Regelungen und die Möglichkeit der unbeschränkten langfristigen Überlassung erfolgte schnelle Verbreitung der neuen Arbeitsform. Jedoch setzte erst Ende der 50er Jahre die Entwicklung der Branche Leiharbeit in Europa ein. Erst 1957 erfolgte die Gründung des Unternehmens Adia Bop in Frankreich, welches seit der Fusion im Jahre 1996 mit dem Unternehmen Ecco unter der Firma Adecco bekannt ist. Daran schloss sich ein langer Institutionalisierungs- und Reglementierungsprozess an, der bis zum heutigen Zeitpunkt anhält.

2.3 Entwicklung des AÜG

In der ersten gesetzlichen Regelung der Arbeitnehmerüberlassung im Arbeitsnachweisgesetz (ANG) aus dem Jahre 1922, wurden die Vorläufer der heutigen Zeitarbeit noch mit der Arbeitsvermittlung rechtlich gleichgesetzt. Somit stand am Anfang der Entwicklung der Arbeitnehmerüberlassung die Arbeitsvermittlung.[51] Eine gesetzliche Definition der Arbeitnehmerüberlassung fand sich im Gesetz über Arbeitsvermittlung und Arbeitslosenversicherung (AVAVG). Durch eine Novellierung des AVAVG im Jahre 1956 kam es zu einem Verbot der gewerbsmäßigen Arbeitnehmerüberlassung. Dieses Verbot wurde jedoch im Jahre 1967 durch eine grundlegende Entscheidung des Bundesverfassungsgerichts,[52] wegen

[49] Pollert/Spieler, S. 2.

[50] Kaufmann, S. 29.

[51] Vgl. Schüren/*Hamann,* Einleitung Rn. 26.

[52] BVerfG v. 4.4.1967, BVerfGE 21, 261 = BB 1967, S. 463.

des Verstoßes gegen das Grundrecht auf freie Berufswahl in Art. 12 Abs. 1 GG, gekippt. Nunmehr ist auch die gewerbsmäßige Arbeitnehmerüberlassung in Deutschland zulässig. Die echte Leiharbeit hingegen wurde von Anfang an als zulässig erachtet. Nach der Zulassung der Arbeitnehmerüberlassung war es folglich Aufgabe des Gesetzgebers diese sozialverträglich zu gestalten.[53] Aus der notwendigen Abgrenzung zur Arbeitsvermittlung haben sich bestimmte rechtliche Grenzen entwickelt, die auch schon vor Verabschiedung des AÜG beachtet werden mussten. Der Kern des Arbeitsverhältnisses musste zwischen Verleiher und Leiharbeitnehmer abgewickelt werden.[54] Dazu zählten das Synchronisationsverbot und ein auf eine bestimmte Dauer befristeter Überlassungsvertrag. Außerdem trug der Verleiher das Beschäftigungsrisiko. Das AÜG trat am 12.10.1972 in Kraft.[55]

Seitdem wurde das Gesetz jedoch vielfach geändert, wobei die Änderungen in unterschiedliche Richtungen gingen. Teils wurde das Sanktionssystem verschärft, teils wurde über Veränderungen eine Flexibilisierung und Deregulierung angestrebt. Bis Mitte der 80er Jahre stand der Schutz der Leiharbeitnehmer vor sittenwidriger Ausbeutung im Vordergrund des AÜG.

Darauf folgend dienten die Gesetzesänderungen dem Ziel der Deregulierung und der Verbesserung der Einsatz- und Nutzungsbedingungen für Unternehmen.[56] In der Ausgestaltung des AÜG wurden gerade in jüngster Zeit arbeitsmarktbezogene Ziele umgesetzt, sodass im Zusammenhang mit dem Job AQTIV-Gesetz (Gesetz zur Reform der arbeitsmarktpolitischen Instrumente) vom 10.12.2001[57] und dem Ersten Gesetz für moderne Dienstleistungen am Arbeitsmarkt vom 23.12.2002[58] von einem grundlegenden Funktionswandel der Leiharbeit gesprochen werden kann. Es wurde ein neues Leitbild der Leiharbeit geschaffen. Durch Deregulierung und Tariffierung sollte die Leiharbeit nicht nur für das Verleihunternehmen, sondern auch für das Entleiherunternehmen und den Leiharbeitnehmer selbst, attraktiver gemacht werden. Hauptsächlich sollten jedoch in der Zeitarbeit bestehende Beschäftigungspotentiale ausgeschöpft werden. Ferner wurde von einigen Restriktionen Abstand genommen. Die bedeutendste Änderung erfolgte durch die Abkehr von der Begrenzung der max. Überlassungsdauer von 24 Monaten sowie die sie flankierenden Verbote. Es entfiel das Synchronisationsverbot, d.h. die parallele Befristung von Anstellungsvertrag beim Verleiher und dem Überlassungsvertrag. Das Wiedereinstellungsverbot und das Verbot der wiederholten Befristung wurden ebenfalls aufgegeben. Außerdem gelten nunmehr

[53] Vgl. Boemke/Lembke, Einleitung Rn. 7.

[54] Vgl. Ulber, BASIS-AÜG, Einleitung Rn. 3.

[55] BGBl I 1972, S. 1393 ff.

[56] Vgl. Ulber, BASIS-AÜG, Einleitung Rn. 7.

[57] BGBl. I 2001, S. 3462 – 3463.

[58] BGBl. I 2002, S. 4617 – 4619.

die allgemeinen Bestimmungen des TzBfG für die Arbeitsverträge zwischen Leiharbeitnehmer und Verleihunternehmen. Im gleichen Zeitpunkt wurden einige Neuerungen ins AÜG eingefügt. Allem voran steht der Gleichstellungsgrundsatz, der unter dem Synonym Equal Pay und Equal Treatment dann gilt, wenn kein Tarifvertrag abgeschlossen wurde. Vor diesem Hintergrund erfolgte die Tariffierung der Branche. Da durch Tarifvertrag oder arbeitsvertragliche Bezugnahmeklausel Equal Pay und Equal Treatment ausgeschlossen werden kann. Gegenwärtig ist die künftige Entwicklung des AÜG unsicher. Aktuell wird eine Aufnahme der Zeitarbeit in das Arbeitnehmerentsendegesetz gefordert. Diese Diskussion ist jedoch zunächst durch die Pläne der Bundesregierung, einen Mindestlohn in der Zeitarbeit über eine Verordnung innerhalb des AÜG aufzunehmen, unterbrochen.[59] Somit bleibt die künftige Weiterentwicklung des AÜG abzuwarten.

2.4 Betriebsverfassungsrecht und Leiharbeit

2.4.1 AÜG

Das AÜG von 1972 beinhaltete zunächst keine Regelungen über die betriebsverfassungsrechtliche Stellung der Leiharbeitnehmer. Vielmehr geht aus der damaligen Gesetzesbegründung hervor, dass auch die Leiharbeitnehmer in einem klassischen Arbeitsverhältnis zum Verleiher stehen und daher nur diesem betriebsverfassungsrechtlich mit allen Rechten und Pflichten zuzuordnen sind.[60] Jedoch wurde bereits durch die Entscheidung des BAG vom 6.6.1978 deutlich, dass diese anfängliche Einordnung keinen Bestand haben konnte, und der rechtliche Schutz des Leiharbeitnehmers einer Korrektur bedürfe. Demzufolge wurde § 14 AÜG modifiziert.

2.4.2 BetrVG

In seiner alten Fassung schloss § 14 Abs. 2 Satz 1 AÜG ein Wahlrecht der Leiharbeitnehmer im Entleiherbetrieb generell aus. § 14 Abs. 2 Satz 1 AÜG a.F. kodifizierte, dass Leiharbeitnehmer „bei der Wahl der betriebsverfassungsrechtlichen Arbeitnehmervertretungen im Entleiherbetrieb weder wahlberechtigt noch wählbar“ sind. Der Gesetzgeber hat mit seiner Novelle zum Betriebsverfassungsrecht 2001 für die Leiharbeitnehmer jedoch Änderungen vorgenommen, so wurde ihnen ein aktives Wahlrecht in § 7 Satz 2 BetrVG eingeräumt. Das passive Wahlrecht bleibt jedoch weiterhin verwehrt. Die Folgen dieses Wahlrechts wurden in der Literatur weit reichend diskutiert, und deren Kernpunkte sowie die Konsequenzen im Folgenden an einer anderen Stelle dieser Arbeit erörtert.[61]

---

[59] Vgl. Dunkel, Monika, Financial Times Deutschland, 28.1.2009.

[60] BT-Ds. 6/3505, S. 4.

[61] Vgl. Seite 34ff..

3 Rechtsstellung von Leiharbeitnehmern in der Betriebsverfassung

Aufgrund des Teritorialitätsprinzips des deutschen BetrVG gilt dieses für alle im Inland gelegenen Betriebe[62] eines Unternehmens des privaten Rechts, auch wenn es sich um ausländische Unternehmen handelt. Das BetrVG findet Anwendung, wenn die folgenden drei Voraussetzungen gegeben sind. Gem. § 1 BetrVG sind in Betrieben mit mindestens fünf ständigen und wahlberechtigten Arbeitnehmern, von denen drei wählbar sind, Betriebsräte zu wählen. Da jedoch keine Pflicht besteht einen Betriebsrat zu wählen, bleiben oft auch betriebsratsfähige Betriebe ohne Betriebsrat. Die durch das BetrVG eingeräumten Rechte entfallen dann vollständig. Die praktische Erfahrung bestätigt dies für die Zeitarbeitsbranche. Es kommt in reinen Entleiherbetrieben aufgrund der hohen Fluktuation der Beschäftigten selten zur Bildung von Betriebsräten[63]. Als weitere Gründe kommen befristete Arbeitsverträge in Frage, ebenso wie der ständige Einsatz außerhalb des Betriebs des Verleihers, in teilweise ständig wechselnden Einsätzen. Somit können die kollektiven Prozesse aller Art erschwert werden.[64] Es gibt derzeit nur wenige Zeitarbeitsunternehmen, die auch tatsächlich einen Betriebsrat vorweisen können, diese sind vornehmlich unter den Branchenriesen wie z.B. Randstad zu finden.

3.1 Räumlicher Geltungsbereich

Wie einleitend erwähnt, gilt das BetrVG nur innerhalb der Grenzen der Bundesrepublik Deutschland. Somit ist es „nicht auf ausländische Betriebe eines inländischen Unternehmens anzuwenden“[65]. Für die Mitarbeiter in ausländischen Betrieben besteht folglich kein Mitbestimmungsrecht der Betriebsräte der inländischen Betriebe, es können keine Betriebsräte gewählt werden und es bestehen keine Mitbestimmungsrechte nach dem BetVG. Der räumliche Geltungsbereich des BetrVG ist nicht dispositiv.[66] Soweit Arbeitnehmer jedoch nur kurzfristig im Ausland in deutschen Unternehmen eingesetzt werden, bleiben ihre betriebsverfassungsrechtlichen Rechte im Inlandbetrieb bestehen.[67]

---

[62] Vgl. FESTL, § 1 Rn. 58, 63.

[63] BT-Ds. 14/4220, S. 20; Promberger, Leiharbeit, S. 135 f..

[64] Vgl. Promberger, Leiharbeit, S. 135 f..

[65] BAG vom 10.09.1985, AP Nr. 3 zu § 117.

[66] Vgl. FESTL, § 1 Rn. 16 - 21.

[67] Vgl. Brox u.a., Arbeitsrecht, Rn. 844.

3.2 Zeitlicher Geltungsbereich

Nach Verstreichung der Übergangsfrist bis zum 31.12.2003, nach den Neuregelungen durch die sog. Hartz-Gesetze, findet das AÜG seit dem 01.01.2004 uneingeschränkt Anwendung.

3.3 Sachlicher Geltungsbereich

Das BetrVG befasst sich lediglich mit der Betriebsverfassung, nicht mit der eigentlichen Unternehmensverfassung, es gilt somit, von wenigen Ausnahmefällen abgesehen, lediglich für die einzelnen Betriebe und nicht für das gesamte Unternehmen.[68] Eine Abgrenzung dieser beiden Begriffe wird im Folgenden vorgenommen. Obwohl dem Betriebsbegriff elementare Bedeutung zukommt, wird er im BetrVG nicht definiert. Somit wird der von Rechtsprechung und Literatur entwickelte allgemeine Betriebsbegriff vorausgesetzt. „Danach ist Betrieb im Sinne des Betriebsverfassungsgesetzes die organisatorische Einheit, innerhalb derer ein Arbeitgeber allein oder mit seinen Arbeitnehmern mit Hilfe von technischen und immateriellen Mitteln bestimmte arbeitstechnische Zwecke fortgesetzt verfolgt."[69] Das Unternehmen ist hingegen die organisatorische Einheit, durch die vom Unternehmer Zielsetzungen wie z.B. Gewinnerzielungsabsicht, Streben nach Marktanteilen usw. verfolgt werden.[70] Das Unternehmen könnte man so auch als übergeordnetes Ganzes verstehen, welches in einer marktwirtschaftlichen Ordnung die Planung des wirtschaftlichen Geschehens übernimmt.[71]. Es können sich weiterhin Abgrenzungsschwierigkeiten zum sog. „gemeinsamen Betrieb" gem. § 1 Abs. 1 Satz 2 BetrVG und § 1 Abs. 2 BetrVG ergeben. Hier werden Betriebsmittel und Arbeitskräfte übergreifend eingesetzt. Der Gemeinschaftsbetrieb wird grundsätzlich so behandelt, als bestünde das Unternehmen aus nur einem Betrieb.[72] Im Hinblick auf die Anwendung von bestimmten betriebsverfassungsrechtlichen Vorschriften, wie z.B. § 99 BetrVG, wird der Betrieb als Gemeinschaftsbetrieb betrachtet. Als vom BetrVG nicht erfasste Betriebe sind Kleinstbetriebe mit weniger als fünf ständig wahlberechtigten Arbeitnehmern. Betriebe und Verwaltungen der öffentlichen Hand sowie Religionsgemeinschaften ausgenommen. Außerdem gilt das BetrVG für die sog. Tendenzunternehmen (Presse, Rundfunk, Politik) nur eingeschränkt. Vorgenannte Betriebe werden in dieser Arbeit daher nicht behandelt.

---

[68] Vgl. Pulte, Kollektives Arbeitsrecht, S. 15.

[69] Vgl. FESTL, § 1 Rn. 63.

[70] Vgl. Pulte, Kollektives Arbeitsrecht, S. 15.

[71] Vgl. Däubler u.a., Arbeitsrecht, Einleitung Rn. 75.

[72] Vgl. Däubler u.a., Arbeitsrecht, Einleitung Rn. 89.

3.4 Persönlicher Geltungsbereich

Der persönliche Anwendungsbereich wird im BetrVG nicht klar definiert, jedoch beschreibt § 5 BetrVG den Kreis der Arbeitnehmer, die als Arbeitnehmer i.S.d. § 1 BetrVG anzusehen sind.[73] Demnach ist Arbeitnehmer, wer aufgrund privatrechtlichen Vertrages im Dienste eines anderen zur Leistung weisungsgebundener, fremdbestimmter Arbeit in einer persönlichen Abhängigkeit verpflichtet ist. Dies sind Arbeiter und Angestellte einschließlich der zu ihrer Berufsausbildung Beschäftigten, unabhängig davon, ob sie im Betrieb, im Außendienst oder mit Telearbeit beschäftigt werden.

Das Betriebsverfassungsrecht benennt in § 5 Abs. 2 und 3 BetrVG bestimmte Personengruppen, die keine Arbeitnehmer des Betriebs sein können. Sie werden vom BetrVG ausgenommen und sind als sog. Nichtarbeitnehmer bei der Anwendung von betriebsverfassungsrechtlichen Normen außer Acht zu lassen. Daraus folgt, dass sie grundsätzlich weder das aktive, noch das passive Wahlrecht besitzen und bei der Entscheidung nicht berücksichtigt werden, ob bspw. nach § 1 BetrVG ein betriebsratfähiger Betrieb vorliegt und in welcher Stärke ein Betriebsrat nach § 9 BetrVG mit etwaiger Besetzung zu wählen ist.[74]

Leiharbeitnehmer fallen jedoch nicht unter § 5 Abs. 1 BetrVG und ebenso nicht in den Bereich der ausgeschlossenen Personengruppen gem. § 5 Abs. 2 und 3 BetrVG. Somit ist § 5 BetrVG bzgl. Leiharbeitnehmer nicht aussagekräftig und eine etwaige Betriebszugehörigkeit oder deren Ausschluss muss folglich aus einer anderen gesetzlichen Bestimmung zur betriebsverfassungsrechtlichen Zuordnung hergeleitet werden.

3.4.1 Geltungsbereich des § 14 AÜG

Abhilfe verschafft hier zunächst § 14 Abs. 1 AÜG. Hier wird klargestellt, dass Leiharbeitnehmer während ihrer Einsatzdauer im Betrieb des Entleihers Angehörige des entsendenden Betriebes sind. Für die betriebsverfassungsrechtliche Interessenvertretung im Betrieb des Verleihers ergeben sich somit keine Besonderheiten. Auch die Gesetzesbegründung zu § 14 Abs. 1 AÜG schweigt zur betriebsverfassungsrechtlichen Stellung des Leiharbeitnehmers im entsendenden Betrieb. So kann der Schluss gezogen werden, dass die betriebsverfassungsrechtlichen Rechte im Verleiherbetrieb vollumfänglich gewährt und erhalten bleiben. Dem Wesen der Leiharbeit sind jedoch die Arbeitsleistung des Leiharbeitnehmers im Betrieb eines Dritten und die Aufspaltung der Arbeitgeberrechte immanent. Folglich können sich dort Einschränkungen ergeben, wo aufgrund der Aufspaltung der Arbeitgeberfunktion zwischen Ver- und Entleiher einzelne betriebsverfassungsrechtliche Befugnisse nur im Entleiherbetrieb sinnvoll ausgeübt werden können. Bevor jedoch auf die Problematik eingegangen wird, ob Ver- oder Entleiherbetriebsrat zuständig ist, und in welchem Betrieb die jeweiligen betriebsverfassungsmäßigen Rechte ausgeübt werden können, ist zunächst die

[73] Vgl. Pulte, Kollektives Arbeitsrecht, S. 17.

[74] Vgl. BT-Ds. 9/847, S. 8 ff..

vor gelagerte Fragestellung der Betriebszugehörigkeit abschließend zu klären. Dazu sind die zu diesem Aspekt vertretenen Auffassungen zu erläutern und zu bewerten. Um überhaupt dem Entleiherbetriebsrat Kompetenzen zuzusprechen, muss zunächst der Betriebsrat des Entleihunternehmens generell für Zuständig erachtet werden. Dazu ist zunächst zu klären, ob Leiharbeitnehmer lediglich dem Betrieb ihres Vertragsarbeitgebers oder sogar dem des Beschäftigungsarbeitgebers vollständig oder ggf. partiell zuzuordnen sind. Die Betriebszugehörigkeit ist für die Anwendbarkeit des BetrVG von essentieller Bedeutung.

3.4.2 Die Betriebszugehörigkeit von Leiharbeitnehmern

Zum einen können von den Arbeitnehmern nur dann die durch das Betriebsverfassungsrecht gewährten Rechte wahrgenommen werden, wenn sie auch Belegschaftsmitglieder dieses Betriebes darstellen. Zum anderen ist die Betriebszugehörigkeit ausschlaggebend dafür, ob der jeweilige Betriebsrat überhaupt ein Mitbestimmungsrecht für den Arbeitnehmer wahrnehmen kann. Ebenso wie die betriebsverfassungsrechtliche Folgefrage, ob die jeweiligen Leiharbeitnehmer berücksichtigt werden, soweit es um die Einbeziehung zu den Schwellenwerten geht. Hier insb. in Grenzsituationen, in denen die Leiharbeitnehmer den Ausschlag für betriebsverfassungsrechtliche Folgen geben können. Zu beachten sind hier die Schwellenwerte in §§ 1, 9, 38, 106, 111 BetrVG u.a.

Grundsätzlich kommen verschiedene Szenarien der Betriebszugehörigkeit in Betracht. Möglich ist die ausschließliche Zuordnung zum Verleiherbetrieb oder eine doppelte Zuordnung zum Verleiher und Entleiherbetrieb. Als Zwischenlösung könnte das Modell bezeichnet werden, das eine Zuordnung zum Verleiherbetrieb und eine partielle Integration zum Entleiherbetrieb in Betracht zieht. Im Schrifttum sowie der Rechtsprechung finden sich für alle Grundmodelle entsprechende Ansätze.

3.4.2.1 Zuordnung zum Verleiherbetrieb

Unbestritten bleiben Leiharbeitnehmer gem. § 14 Abs. 1 BetrVG während ihres Einsatzes Angehörige des Entsendebetriebes.[75] Daneben gewährt § 14 Abs. 2 und 3 BetrVG betriebsverfassungsrechtliche Individualrechte, die im Betrieb des Entleihers gelten. Durch diese wird zumindest eine partielle Zugehörigkeit zum Entleiherbetrieb begründet, die wiederum jedoch keine doppelte Betriebszugehörigkeit begründet. Für eine doppelte Betriebszugehörigkeit fehlt es am arbeitsvertraglichen Band zwischen Entleiher und Leiharbeitnehmer. Dies ist notwendiger Bestandteil der 2-Komponenten-Theorie, neben der tatsächlichen Eingliederung. Somit sind Leiharbeitnehmer im Einsatzbetrieb nicht betriebszugehörig und nicht bei den betriebsverfassungsrechtlichen Schwellenwerten mitzuzählen.

---

[75] Siehe Seite 29.

3.4.2.2 Partielle Betriebszugehörigkeit

Nach der Theorie der partiellen Betriebszugehörigkeit gehören Leiharbeitnehmer neben dem Verleiherbetrieb auch partiell dem Entleiherbetrieb an. Hier wird darauf abgestellt, dass die Leiharbeitnehmer wie die Stammarbeitnehmer des Entleihers in dessen Betriebsorganisation eingegliedert sind und sich ihre Schutzbedürftigkeit entspricht. Folglich finden im Entleiherbetrieb alle betriebsverfassungsrechtlichen Normen Anwendung, die keine arbeitsvertragliche Bindung an den Verleiherbetrieb voraussetzen.[76]

3.4.2.3 Zuordnung zum Entleiherbetrieb

Eine alleinige Zuordnung zum Entleiherbetrieb kommt nach der heutigen Rechtslage nicht mehr in Betracht. § 14 Abs. 1 BetrVG ordnet Leiharbeitnehmer ausdrücklich dem Verleiherbetrieb zu. Ob dies eine ausschließliche Zuordnung ist, wird im Folgenden erörtert.

3.4.2.4 Doppelte Betriebszugehörigkeit

Nach der Theorie der doppelten Betriebszugehörigkeit gehören Leiharbeitnehmer prinzipiell sowohl dem Verleiher- als auch dem Entleiherbetrieb an.[77] Die Vertreter dieser Auffassung stellen nicht auf die sog. Zwei-Komponenten-Lehre ab, sondern sind der Ansicht, dass das tatsächliche weisungsgebundene Tätigwerden im Entleiherbetrieb bereits eine „Einstellung“ i.S.d. § 99 BetrVG begründet und somit die Betriebszugehörigkeit und eine gespaltene Arbeitgeberstellung auslöst.[78] Folglich ist eine arbeitsvertragliche Bindung zur Begründung der Betriebszugehörigkeit keine Voraussetzung. Damit einhergehend sind Leiharbeitnehmer überall dort, wo das BetrVG auf eine bestimmte Anzahl von regelmäßig oder ständig Beschäftigter abstellt, bei den Quoren mitzuzählen und ihnen ist das passive Wahlrecht zuzuerkennen.

Gestützt wird diese Ansicht auf den Wortlaut der damaligen Gesetzesbegründung, in der es hieß, dass die allgemeine Schutzfunktion des Betriebsverfassungsrechts eine „betriebsverfassungsrechtliche doppelte Zuordnung der Leiharbeitnehmer“ gebietet.[79] Begründet mit einer höchstmöglichen Überlassungsdauer von drei Monaten wollte der Gesetzgeber jedoch die weit reichenden Konsequenzen der doppelten Betriebszugehörigkeit nicht in Kauf nehmen.[80] Die Besonderheit der Überlagerung der Betriebszugehörigkeit wird von den Befürwortern der Theorie der doppelten Betriebszugehörigkeit nicht als Problem angesehen. Vielmehr sei dies die betriebsverfassungsrechtliche Konsequenz aus der Aufspaltung der

---

[76] Vgl. Ulber, § 14 Rn. 10.

[77] Vgl. Schüren/*Hamann,* § 14 Rn. 29 ff.; Boemke/Lembke, § 14 Rn. 58.

[78] Vgl. Schüren/*Hamann,* § 14 Rn. 24, 26.

[79] BT-Ds. 9/847, S. 9.

[80] Vgl. Schüren/*Hamann,* § 14 Rn. 34.

Arbeitgeberbefugnisse. Die Beteiligungs- und Mitbestimmungsrechte sollen entsprechend ihrem Sinn und Zweck den Betriebsräten im Vertrags- oder Beschäftigungsbetrieb zustehen. Gestützt wird diese Ansicht auf die Zuerkennung des aktiven Wahlrechts durch § 7 Satz 2 BetrVG, soweit Leiharbeitnehmer eine Einsatzdauer von drei Monaten im Entleiherbetrieb überschreiten.

3.4.2.5 Rechtsprechung

Die Rechtsprechung des BAG, die herrschende Meinung in der Literatur sowie die überwiegende Rechtsprechung der Instanzgerichte nimmt lediglich eine Betriebszugehörigkeit der Leiharbeitnehmer zum Verleiherbetrieb an. Drei Entscheidungen des Bundesarbeitsgerichts aus den Jahren 2003 und 2004 beantworten dabei die für die arbeits- und betriebsverfassungsrechtliche Praxis höchst relevante Frage richtungweisend wie folgt: Das BAG verlangt in Fortführung seiner ständigen Rechtsprechung, für die Zugehörigkeit zur Belegschaft und damit zum Betrieb i.S.d. § 9 BetrVG, kumulativ ein rechtliches und tatsächliches Verhältnis. Unter Annahme eines betriebsverfassungsrechtlichen Arbeitnehmerbegriffs stellt das BAG somit auf die sog. Zwei-Komponenten-Theorie bzw. Kumulationstheorie ab. Die (arbeits-)rechtliche Komponente bildet der Arbeitsvertrag/das Arbeitsverhältnis und eine tatsächliche Beziehung wird durch die tatsächliche Eingliederung in den betrieblichen Organisationszusammenhang des Entleihers durch die tatsächliche Arbeitsaufnahme begründet. In den Betrieb des Entleihers ist der Leiharbeitnehmer unzweifelhaft eingegliedert, da er dort seine Arbeitsleistung erbringt. Somit liegt die tatsächliche Komponente vor. Da ein Arbeitsverhältnis jedoch nicht zum Entleiher, sondern nur zum Verleiher besteht, fehlt es an dem arbeitsrechtlichen Merkmal, welches die Betriebszugehörigkeit letztendlich begründen würde. Der Leiharbeitnehmer ist folglich nicht zum Entleiherbetrieb zugehörig. Denn „die tatsächliche Eingliederung in die Betriebsorganisation begründet nicht die Betriebszugehörigkeit zum Entleiherbetrieb. Dies ergibt sich aus § 14 Abs. 1 AÜG. Danach bleiben Leiharbeitnehmer auch während der Zeit ihrer Arbeitsleistung beim Entleiher Angehörige des entsendenden Betriebes.“[81] Begründet durch die tatsächliche Eingliederung in den Entleiherbetrieb werden dem Leiharbeitnehmer in § 14 Abs. 2 und 3 AÜG weitere betriebsverfassungsrechtliche Befugnisse eingeräumt, die jedoch ebenfalls keine Zuordnung des Leiharbeitnehmers zum Betrieb des Entleihers begründen. Auch die Einführung des aktiven Wahlrechts in § 7 Satz 2 BetrVG nach einer dreimonatigen Einsatzdauer begründet keine Betriebszugehörigkeit. Hier wird vom BAG auf den Wortlaut der Vorschrift verwiesen. § 7 BetrVG unterscheidet in Satz 1 „Arbeitnehmer des Betriebs“ von den in Satz 2 genannten „Arbeitnehmer eines anderen Arbeitgebers“. Durch diesen Wortlaut soll impliziert werden, dass zur Arbeitsleistung überlassene Arbeitnehmer gerade keine Arbeitnehmer des Einsatzbetriebes sind und ihre betriebsverfassungsrechtliche Einordnung unverändert zum Verleiher fortbesteht. Daneben beseitigt die Einführung des aktiven Wahlrechts das bis dato bestehende Legitimationsdefizit des Entleiherbetriebsrates für die Bela-

[81] BAG vom 16.04.2003, DB 2003, S. 2128 ff. = NZA 2003, S. 1345 ff..

ge der Leiharbeitnehmer. Leiharbeitnehmer sind aktiv und passiv wahlberechtigt für den Betriebsrat des Verleihunternehmens, da sie dort uneingeschränkt betriebsangehörig sind. Für das Entleihunternehmen sind sie gem. § 7 Satz 2 BetrVG lediglich aktiv wahlberechtigt, das passive Wahlrecht bleibt ihnen hier jedoch versagt. Es werden an das Wahlrecht keine weiteren betriebsverfassungsrechtlichen Befugnisse geknüpft. Das BAG führt dazu aus: „Durch die Einräumung des aktiven Wahlrechts für Leiharbeitnehmer in § 7 Satz 2 BetrVG werden Leiharbeitnehmer nicht zu betriebsangehörigen Arbeitnehmern des Entleihers.“[82] Es bleibt also bei der alleinigen Betriebszugehörigkeit zum Verleiherbetrieb, wie in § 14 Abs. 1 AÜG statuiert, und es wird keine partielle oder doppelte Zugehörigkeit auch zum Entleiherbetrieb begründet. Des Weiteren sind Leiharbeitnehmer „bei der für die Anzahl der zu wählenden Betriebsratsmitglieder maßgeblichen Belegschaftsstärke nicht zu berücksichtigen“[83]. Ebenso sind sie „bei der für die Anzahl der nach § 38 Abs. 1 BetrVG freizustellenden Betriebsratsmitglieder maßgeblichen Belegschaftsstärke nicht zu berücksichtigen“[84]. Diese Grundsätze sind auch auf die nicht gewerbsmäßige Arbeitnehmerüberlassung und die sog. Konzernleihe gem. § 1 Abs. 3 Ziff. 2 AÜG ausgeweitet worden.[85] Somit kann komprimiert festgehalten werden, dass aufgrund der vorgenannten Entscheidungen des BAG „Leiharbeitnehmer wählen ohne zu zählen“[86].

Des Weiteren wird in der Begründung zur Entscheidung auf den wesentlich geringeren Arbeitsanfall für den zuständigen Betriebsrat hingewiesen. Da Leiharbeitnehmer nur partiell vom Betriebsrat des Einsatzbetriebes repräsentiert werden, und dies auch nur für einen Bruchteil ihrer Amtszeit, verursachen sie, nach Auffassung des BAG, auch nur einen Bruchteil der anfallenden Betriebsratsarbeit. Daher gebietet es dem Sinn und Zweck des § 9 BetrVG nicht, dass Leiharbeitnehmer mitgezählt werden, denn die Anzahl der Betriebsratsmitglieder soll in einem angemessenen Verhältnis zur Belegschaftsstärke stehen.[87] Auch der Gesetzgeber ist nicht davon ausgegangen, dass Leiharbeitnehmer dem Betrieb des Entleihers zuzuordnen sind, da in der Gesetzesbegründung zum Regierungsentwurf des Gesetzes zur Reform des Betriebsverfassungsgesetzes angeführt wurde, dass die Zuerkennung des aktiven Wahlrechts die Leiharbeitnehmer lediglich aus der Randbelegschaft an die Stammbelegschaft heranführen soll, "ohne sie in rechtlich unzutreffender Weise als Arbeitnehmer des Entleiherbetriebes einzustufen".[88] In einer späteren Entscheidung entschied das

[82] BAG vom 16.04.2003, DB 2003, S. 2128 ff. = NZA 2003, S. 1345 ff..

[83] BAG vom 16.04.2003, DB 2003, S. 2128 ff. = NZA 2003, S. 1345 ff..

[84] BAG vom 22.10.2003, NZA 2004, S. 1052.

[85] BAG vom 10.03.2004, DB 2004, S. 1836 ff..

[86] Vgl. Brors, NZA 2003, S. 1380.

[87] BAG vom 16.04.2003, DB 2003, S. 2128 ff. = NZA 2003, S. 1345 ff..

[88] Vgl. BT-Ds. 14/5741, S. 28.

BAG, dass Leiharbeitnehmer auch dann nicht bei den Schwellenwerten zu berücksichtigen sind, wenn sie Dauerarbeitsplätze besetzen.[89]

3.4.2.6 Schrifttum

Obwohl in den Jahren 2003/2004 vom BAG entschieden wurde, das Leiharbeitnehmer alleinig zum Verleiherbetrieb betriebszugehörig sind[90], sind der Literatur gegenteilige Ansichten zu entnehmen. Im Wesentlichen bietet auch das Meinungsspektrum im Schrifttum kein einheitliches Bild, wenn es um die Betriebszugehörigkeit und die damit verbundene betriebsverfassungsrechtliche Konsequenz der Einbeziehung zu den Schwellenwerten geht. Es reicht von einer generellen Nichtberücksichtigung[91] der Leiharbeitnehmer, über eine teilweise Einbeziehung bei den Schwellenwerten der § 9 BetrVG und § 38 BetrVG[92] bis hin zu einer Berücksichtigung soweit sie auf regelmäßig besetzten Dauerarbeitsplätzen eingesetzt werden.[93]

3.4.2.7 Zeitkomponente

Seit dem 01.01.2004 haben sich die Rahmenbedingungen für die Arbeitnehmerüberlassung entscheidend geändert. Zuvor war in § 3 Abs. 1 Nr. 6 AÜG a.F. eine zeitliche Höchstüberlassungsdauer verankert. Wurde diese überschritten, so griff die Vermutung einer Arbeitsvermittlung mit entsprechenden Sanktionen.[94] Nunmehr ist es möglich Leiharbeitnehmer dauerhaft zur Arbeitsleitung an denselben Entleiher zu überlassen. Die zeitliche Restriktion ist demnach vollständig entfallen. Theoretisch kann ein Arbeitnehmer seit dem 01.01.2004 sein ganzes Erwerbsleben lang bei ein und demselben Entleiher eingesetzt werden. Die neue Rechtslage weicht folglich von der Rechtlage, die Grundlage der genannten Entscheidungen war, eklatant ab. Dieselben Entleiher können gegenwärtig auf rechtlich gesichertem Boden dauerhafte Randbelegschaften aufbauen, die es ihnen ermöglichen Personalkosten[95] und betriebsverfassungsrechtlich verursachte Kosten (Anzahl der Betriebsratsmandate,

---

[89] BAG vom 22.10.2003, NZA 2004, S. 1052.

[90] BAG vom 16.4.2003 AP Nr. 1 zu § 9 BetrVG 2002 = NZA 2003, S. 1345; 22.10.2003 AP Nr. 28 zu § 38 BetrVG 1972 = NZA 2004, S. 2052; 10.3.2004, 7 ABR 49/03, NZA 2004, 1340.

[91] BAG vom 16.4.2003 AP Nr. 1 zu § 9 BetrVG 2002 = NZA 2003, S. 1345; ErfK/*Wank,* § 14 Rn. 7; Löwisch, BB 2001, S. 1737; Maschmann, DB 2001, S. 2448; Schiefer, DB 2002, S. 1774; Urban-Crell/Schulz, Rn. 1049.

[92] Vgl. Brors, NZA 2003, S. 1382; Däubler, AuR 2004, S. 82 ; FESTL, § Rn. 237 ; Jüttner, S. 146 ff., S. 152 f.; Thüsing, § 14 Rn. 52, 63; Ulber, Hamann, NZA 2003, S. 528; Wlotzke, FS 50 Jahre BAG, S. 1149.

[93] Vgl. Thüsing/*Thüsing,* § 14 Rn. *63;* Reichhold, NZA 2001, S. 861.

[94] Vgl. Düwell, BetrVG, § 7 Rn. 18.

[95] Vgl. Hamann, Fremdpersonal im Unternehmen, S. 24.

freizustellende Betriebsratsmitglieder usw.) gering zu halten. In der Rechtsfolge käme es zu keiner Betriebszugehörigkeit dieses Leiharbeitnehmers, obwohl er nicht mehr von der Stammbelegschaft zu unterscheiden wäre. Vor dem Hintergrund deutlich günstigeren Personalkosten auf Grund von niedrigen Tarifregelungen und einem starken Zugewinn von Flexibilität in wirtschaftlich riskanten Zeiten, ist diese Folgerung keine Willkür.

3.4.3 Zusammenfassung

Der Rechtsprechung des BAG ist für die Rechtslage vor dem 01.01.2004 uneingeschränkt zu folgen. Soweit es sich um eine Arbeitnehmerüberlassung handelt, die dazu bestimmt ist, zeitlich befristet Auftragsspitzen abzufangen und einen vorübergehenden Beschäftigungsmehrbedarf zu stillen, erscheint eine betriebsverfassungsrechtliche Zuordnung der Leiharbeitnehmer zum Entleiher nicht geboten. Die Leiharbeitnehmer sind ausreichend über die Gewährung der betriebsverfassungsrechtlichen Befugnisse in § 14 AÜG geschützt. Und durch die Einführung des Gleichstellungsgrundsatzes, der sich neben dem Arbeitsentgelt auch auf die übrigen Arbeitsbedingungen bezieht, ist dem Schutzbedürfnis der Leiharbeitnehmer ausreichend Rechnung getragen, soweit diese nicht dauerhaft in einem Entleiherbetrieb eingesetzt werden. Vor dem oben erörterten Hintergrund einer nunmehr möglicherweise dauerhaften Überlassung ist es jedoch fraglich, ob die Leiharbeitnehmer nur dem Verleiherbetrieb betriebsverfassungsrechtlich zugeordnet sein sollen, sowie es die derzeitige Rechtslage gebietet[96], oder ob es sinnvoll und nötig ist, sie bei dauerhaftem Einsatz auch dem Entleiher zuzuordnen. Wenn der dauerhafte Einsatzort eines Leiharbeitnehmers der Betrieb des Entleihers ist, und die für sie mitbestimmungspflichtig relevanten Entscheidungen dort anfallen, dann sollte der Leiharbeitnehmer diesem Betrieb auch als Arbeitnehmer zugeordnet werden – neben dem Verleiherbetrieb.[97] Es ist einem Arbeitgeber ungenommen auf Neueinstellungen zu verzichten, um betriebsverfassungsrechtlichen Konsequenzen und dem sozialen Schutz durch Unterlaufen des Kündigungsschutzes zu entgehen. In der Regel werden daneben auch wirtschaftliche Gründe vorliegen. Es kommt auf die tatsächliche Stärke der Belegschaft an und nicht auf die Motive, die zu einer etwaigen Änderung der Personalplanung führen. Soweit jedoch Leiharbeitnehmer in Zukunft nicht mehr von Stammarbeitnehmern zu unterscheiden sind, sich der Grundsatz des Equal Pay und Equal Treatment durchsetzen kann und der Verleiher bis auf die Urlaubsgewährung und Vergütungszahlung kaum noch seinen Arbeitgeberpflichten nachkommt, ist eine anderweitige Regelung sinnvoll. In derart gelagerten Fällen könnte man eher von einer Arbeitsvermittlung, als von einer Arbeitnehmerüberlassung ausgehen. Derart lange Arbeitnehmerüberlassungen lassen sich mit ihrem Wesen des kurzfristigen Flexibilisierungsinstruments nicht vereinbaren. Soll die Veränderte Zweckbestimmung der Leiharbeit als langfristige Beschäftigungsvariante beibehalten werden, so ist sie auch juristisch zu modifizieren und den veränderten Gegebenheiten anzupassen. Hier greift die restriktive Rechtsprechung des BAG

[96] Vgl. Fußnote 86.

[97] Vgl. Düwell, BetrVG, § 7 Rn. 6.

angesichts der gesetzlichen Weiterentwicklung der Arbeitnehmerüberlassung, insbesondere vor dem Hintergrund der dauerhaften Überlassung, zu kurz. Außerdem dürfte außer Frage stehen, dass Leiharbeitnehmer mit einer wachsenden Einsatzdauer auch ein gesteigertes Interesse an der betriebsverfassungsrechtlichen Integration in den Entleiherbetrieb haben dürften. Auf welchen Zeitraum abgestellt werden soll, ist jedoch fraglich. Die Einsatzdauer von drei Monaten, auf die auch die Zuerkennung des aktiven Wahlrechts abzielt, erscheint jedenfalls zu kurz. Bereits heute dauern ca. 40 % der Arbeitnehmerüberlassungen länger als drei Monate an.[98] Jegliche abweichende Regelungen der bisherigen Rechtsprechungen bringen Verluste an Rechtssicherheit mit sich, bedrohen die Rechtssicherheit von Betriebsratswahlen und Freistellungsentscheidungen bzgl. der Anzahl der Betriebsratsmitglieder. Damit einhergehend käme es zu einem Anstieg der gerichtlich zu entscheidenden Fälle. Erstrebenswert erscheint vor dem Hintergrund einer rechtlichen und tatsächlichen Veränderung der Leiharbeit dennoch eine Lösung, die die Kumulationstheorie beibehält. Grundsätzlich soll an der Begebenheit, dass der Leiharbeitnehmer Belegschaftsmitglied des entsendenden Betriebes bleibt, nichts geändert werden. Im Falle einer wiederholten oder dauerhaften Überlassung über einen erheblichen Zeitraum – beispielsweise 12 oder 24 Monate – könnte dann davon ausgegangen werden, dass ausnahmsweise für den besonderen Fall der Arbeitnehmerüberlassung das Vorliegen der Eingliederung in den Betrieb des Entleihers für die partielle Betriebszugehörigkeit ausreicht. So ist eine spezifische Korrektur des betriebsverfassungsmäßigen Arbeitnehmerbegriffs für die Leiharbeit erstrebenswert. Folglich soll das Tätigwerden aufgrund eines Arbeitsvertrages zur Begründung einer partiellen betriebsverfassungsrechtlichen Zuordnung zum Entleiherbetrieb ausreichen, unabhängig davon, ob der Arbeitsvertrag mit dem Betriebsinhaber oder dem Verleiher besteht. Damit einhergehend wären Leiharbeitnehmer auch erst nach einer entsprechenden Einsatzdauer bei den betriebsverfassungsrechtlichen Schwellenwerten zu berücksichtigen. In der Praxis dürfte eine entsprechende Anwendung nach entsprechend langer Vorbereitungszeit auch umzusetzen sein. Nach einer aktuellen Studie zur Zeitarbeit in Nordrhein-Westfalen beträfe eine derartige Regelung auch nur einen Bruchteil der Überlassungsfälle. Für das Jahr 2003 wurde festgestellt, das lediglich 1,7 % der Überlassungen länger als 1 Jahr dauern.[99]

---

[98] Vgl. BT-Ds. 15/6008, S. 16, ca. 60 % der Leiharbeitsverhältnisse dauern kürzer als drei Monate.

[99] Vgl. Sczesny u.a., Studie zur Zeitarbeit in NRW, S. 55, es liegen lediglich Daten für das Jahr 2003 vor.

4 Rechtsstellung des Betriebsrats

Der Betriebsrat ist unabhängiger Repräsentant der gesamten Belegschaft und nicht einzelner Arbeitnehmergruppen. Den Arbeitnehmern wird so die Möglichkeit auf der Betriebsebene eröffnet durch das Organ „Betriebsrat“ in sozialen, personellen und auch wirtschaftlichen Angelegenheiten mitzugestalten.[100] Der Betriebsrat kann, z.B. durch den Abschluss von Betriebsvereinbarungen, die Interessen der Belegschaft gegenüber dem Arbeitgeber schützen, vertreten und durchsetzen. Der Betriebsrat handelt demnach stets in eigenem Namen und nicht als Vertreter im Namen der Arbeitnehmer des Betriebs. Die Zahl der Mitglieder des Betriebsrates richtet sich gem. § 9 BetrVG zwingend nach der Zahl der Arbeitnehmer des Betriebes. Dabei werden auf den ersten beiden Größenstufen die wahlberechtigten Arbeitnehmer zugrunde gelegt. Auf der dritten Größenstufe teilweise die Zahl der Wahlberechtigten und teilweise die Betriebszugehörigen, und danach kommt es nur noch auf die Betriebszugehörigkeit an. Leiharbeitnehmer sind hier grundsätzlich nicht zu berücksichtigen.[101] Die Mitwirkungs- und Mitbestimmungsrechte des Betriebsrats besitzen je nach Recht eine unterschiedliche Intensität und können die individualrechtliche Regelungsbefugnis des Betriebsinhabers einschränken.[102] Die schwächste Form der Mitbestimmung bilden die Informationsrechte und Unterrichtungsansprüche, welche in §§ 80 Abs.2 Satz 1, 85 Abs. 3 Satz 1, 105, 108 Abs. 5 und § 110 BetrVG niedergelegt sind. Dazu gehören auch das Fragerecht des Betriebsrats und eine entsprechende Erläuterungspflicht des Arbeitgebers, sowie die §§ 2 Abs. 1 und § 74 Abs. 1 und 2 BetrVG. Darauf aufbauend werden dem Betriebsrat Anhörungs-, Beratungs- und Vorschlagsrechte als Mitwirkungsrechte zugestanden. Diese finden sich in § 102 Abs. 1 BetrVG und §§ 90, 92 Abs.1 Satz 2, 92 a Abs. 2 Satz 1, § 96 Abs.1, 97 BetrVG und §§ 92 Abs. 2, 96 Abs. 1 Satz 3 BetrVG. Die stärkste Form der Mitbestimmung bilden die Mitbestimmungsrechte der §§ 87, 91, 1 BetrVG. Die Betriebsparteien können bei dieser Form der Mitbestimmung Entscheidungen nur gemeinsam treffen. Es besteht folglich ein Einigungszwang, der u.a. durch den Spruch der Einigungsstelle geklärt werden muss.

---

[100] Vgl. Brox u.a., Arbeitsrecht, Rn. 832.

[101] Vgl. Brox u.a., Arbeitsrecht, Rn. 860, 866.

[102] Vgl. Hanau/Adomeit, Arbeitsrecht, Rn. 347.

5 Betriebsverfassung im Verleiherbetrieb

5.1 Die Zuordnung des Leiharbeitnehmers zum Verleiherbetrieb

Die betriebsverfassungsrechtliche Zuordnung des Leiharbeitnehmers zum Verleiherbetrieb ist in § 14 Abs. 1 AÜG niedergelegt. Hiernach bleiben Leiharbeitnehmer „auch während der Zeit ihrer Arbeitsleistung bei einem Entleiher" Angehörige des entsendenden Betriebes. Während eines Einsatzes wird die Betriebszugehörigkeit zum Verleiherbetrieb demnach nicht unterbrochen. Da das Gesetz die Überlassungsdauer in Bezug zur Betriebszugehörigkeit nicht berücksichtigt, gilt dies auch für dauerhafte Überlassungen. Auch im Falle der dauerhaften Überlassung an einen Entleiher können die Leiharbeitnehmer nicht betriebsverfassungsrechtlich aus dem Verleiherbetrieb ausgegliedert werden. Zwar besteht die Möglichkeit einer dann nur noch schwachen Anbindung an den Betrieb des Vertragsarbeitgebers, jedoch fördern sie weiterhin dessen Betriebszweck, der in einer Gewinnerzielungsabsicht zu sehen ist.[103] Das BAG[104] sieht diese Zugehörigkeit als eine ausschließliche an. Folgt man der Rechtsprechung des BAG werden Leiharbeitnehmer betriebsverfassungsrechtlich allein dem Verleiherbetrieb zugeordnet. Folglich bestehen in Zeitarbeitsunternehmen keine Sonderregelungen für die Betriebsverfassung.[105] Die für die Arbeitnehmerüberlassung charakteristische Aufspaltung der Arbeitgeberbefugnisse zwischen Ver- und Entleiher bedingt jedoch Modifizierungen im Vergleich zum Normalarbeitsverhältnis. Modifizierungen bzw. Einschränkungen ergeben sich dort, wo aufgrund der Aufspaltung der Arbeitgeberfunktion einzelne Rechte sinnvoll nur im Entleiherbetrieb ausgeübt werden können. Dies ist der Fall, soweit die zur Arbeitsleistung überlassenen Arbeitnehmer dem Direktions- und Weisungsrecht des Entleihers unterliegen. Hier stoßen die Befugnisse des Verleiherbetriebsrats an ihre Grenzen. Es kann als Leitlinie festgehalten werden, dass der Betriebsrat des Verleiherbetriebes grundsätzlich umfassend zuständig ist. Diese Zuständigkeit ist lediglich dort, wo Angelegenheiten untrennbar mit der Verrichtung der Arbeit im Betrieb des Entleihers verbunden sind, und mit der dortigen Betriebsordnung und dem Direktions- und Weisungsrecht des Entleihers zusammenhängen, eingeschränkt.[106] Beteiligungsrechte, die an die Betriebsordnung beim Entleiher anknüpfen, oder mit dem dortigen Tätig werden zusammenhängen, und keine arbeitsvertragliche Bindung erfordern,[107] können folglich nur vom Entleiherbetriebsrat wahrgenommen werden.[108] Beteiligungsrechte,

---

[103] Vgl. Schüren/*Hamann,* § 14 Rn. 112.

[104] Vgl. Fußnote 86.

[105] Vgl. *Böhm*/Hennig/Popp, Zeitarbeit, Rn. 930.

[106] Vgl. Schüren/*Hamann,* § 14 Rn. 112, 117.

[107] BAG vom 15.12.1992, AP Nr. 7 zu § 14 AÜG, NZA 1993, S. 513 ff..

[108] BAG vom 14.5.1974, DB 1974, S. 1580 - 1581; BAG vom 19.06.2001, EzA § 87 BetrVG 1972 Arbeitszeit Nr. 63.

die an eine Eingliederung in den Verleiherbetrieb oder den Arbeitsvertrag des Leiharbeitnehmers mit dem Verleiher anknüpfen, können im Umkehrschluss nur im Betrieb des Verleihers wahrgenommen werden. Eine Ausdehnung der Zuständigkeiten des Verleiherbetriebsrates durch Überlassungsvertrag oder durch Vereinbarung auf den Entleiherbetrieb kommt unter dessen ebenfalls nicht in Betracht.[109] Der Gesetzgeber hat dementsprechend im Anschluss an die Rechtsprechung des BAG[110] zum Zwecke der Rechtssicherheit in § 14 Abs. 2 und 3 AÜG einige Bestimmungen eingeführt, um der Eingliederung im Betrieb des Entleihers Rechnung zu tragen und seine Rechtstellung regeln. Diese Vorschriften sind gemäß der amtlichen Gesetzesbegründung[111] nicht abschließend, sodass die Anwendung etwaiger weiterer Bestimmungen des BetrVG unberührt bleibt. Teilweise können die dort genannten Rechte jedoch auch im Ver- und Entleiherbetrieb nebeneinander auftreten. Zu der Problematik einer etwaigen Doppelzuständigkeit der Betriebsräte des Verleihers und des Entleihers, sowie die damit verbundenen Zuständigkeitskonflikte, wird zu einem späteren Zeitpunkt der Arbeit eingegangen. Zunächst soll die betriebsverfassungsrechtliche Stellung und die damit verbundenen Beteiligungsrechte des Verleiher- und Entleiherbetriebsrats dargestellt und erläutert werden.

5.2 Betriebsverfassungsrechtliche Stellung der Leiharbeitnehmer im Verleiherbetrieb

5.2.1 Zählwert

Leiharbeitnehmer sind im Verleiherbetrieb folglich überall dort mitzuzählen, wo das Gesetz auf eine bestimmte Anzahl (regelmäßig) Beschäftigter abstellt. Insbesondere sind hier die Feststellung der Betriebsratsfähigkeit in § 1 BetrVG, die Berechnung der Anzahl der Betriebsratssitze in § 9 BetrVG, die Berechnung der Anzahl der freizustellenden Betriebsratsmitglieder in § 38 BetrVG, die Mitbestimmung bei personellen Einzelmaßnahmen in § 99 BetrVG, die Bildung des Wirtschaftsausschusses in § 106 BetrVG oder die Beteiligungsrechte des Betriebsrates bei Betriebsänderungen in § 111 BetrVG zu nennen.

5.2.2 Wahlberechtigung von Leiharbeitnehmern

Da Leiharbeitnehmer im Verleiherbetrieb vollumfänglich betriebszugehörig sind, sind sie auch dort nach den Maßgaben der §§ 7, 8 BetrVG aktiv und passiv wahlberechtigt. In reinen Verleiherbetrieben kommt es in der Praxis jedoch sehr selten zur Bildung von Betriebsräten.[112] Gründe hierfür könnten die hohe Fluktuation[113] beim Zeitpersonal und eine damit

[109] Vgl. Stückmann, DB 1999, S. 1902 ff..

[110] BAG vom 6.6.1978, DB 1978, S. 1841–1842; BAG vom 14.5.1974, DB 1974, S. 1580 - 1581.

[111] Vgl. BT-Ds. 9/847, S. 9.

[112] Vgl. BT-Ds. 14/4220, S. 15.

[113] Vgl. BT-Ds. 15/6008, S. 16, ca. 60 % der Leiharbeitsverhältnisse dauern kürzer als drei Monate.

verbundene geringe Bindung zum Verleihunternehmen sein. Auch wenn Arbeitnehmer nunmehr zeitlich unbefristet an denselben Entleiher verliehen werden können, verlieren sie nicht ihr aktives und passives Wahlrecht. Denn die Interessenvertretung des Betriebsrates im Verleihunternehmen gegenüber dem Verleiher als ihrem Vertragsarbeitgeber ist weiterhin geboten und daher müssen sie weiterhin auf die Zusammensetzung dieses Gremiums Einfluss nehmen können.[114]

5.2.3 Individualrechte §§ 81 ff. BetrVG

Dem Leiharbeitnehmer stehen im Verleiherbetrieb sämtliche betriebliche Individualrechte zu, die in §§ 81 ff. BetrVG niedergelegt sind. Die dort aufgeführten Mitwirkungs- und Beschwerderechte stehen in einem engen Zusammenhang mit dem Arbeitsvertragsrecht. Sie sind nicht dispositiv und gelten nach der h.M. als Konkretisierung der arbeitsvertraglichen Pflichten. Dies gilt auch in Betrieben, die vom Geltungsbereich des BetrVG ausgenommen sind oder keinen Betriebsrat gebildet haben.[115] Individualansprüche, die aus den Umständen im Verleiherbetrieb resultieren, können folglich nur in diesem geltend gemacht werden.[116]

5.2.3.1 Aufsuchen von Sprechstunden/Betriebsversammlungen

Betriebs- oder Abteilungsversammlungen (ggf. bei Mischbetrieben), sowie Sprechstunden des Betriebsrates im Verleiherbetrieb, können auch während des Einsatzes im Fremdbetrieb aufgesucht werden. Für den Besuch der Sprechstunden gelten die allgemeinen Bedingungen gem. § 39 BetrVG. Erforderlich ist hier jedoch, dass die Umstände des Besuches ihren Ursprung im Verleiherbetrieb haben müssen. Der Betriebsrat des Verleihunternehmens muss folglich sachlich zuständig sein, denn für Umstände mit Ursprung im Entleiherbetrieb ist der Betriebsrat des Verleihers nicht legitimiert.[117] Zum Aufsuchen des Betriebsrates im Verleiherbetrieb ist der Leiharbeitnehmer vom Entleiher freizustellen. Jedoch ist der Entleiher zur Zahlung der Überlassungsvergütung für diesen Zeitraum nur verpflichtet, wenn derartiges im Arbeitnehmerüberlassungsvertrag vereinbart wurde.[118] Der Verleiher ist ebenfalls über den Besuch der Sprechstunde zu informieren, da dieser als Schuldner der Arbeitsvergütung den Besuch zu vergüten hat, soweit dieser erforderlich war. Diese Vergütung erstreckt sich auch auf etwaige Wegezeiten und Fahrtkosten vom Betrieb des Entleihers zu dem des Verleihers.[119] Ggf. kann der Verleiher verpflichtet sein, dem Entleiher eine

---

[114] Vgl. Schüren/*Hamann,* § 14 Rn. 114.

[115] Vgl. FESTL, § 81 Rn. 2.

[116] Vgl. Thüsing/*Thüsing,* § 14 Rn. 18.

[117] Vgl. Thüsing/*Thüsing,* § 14 Rn. 19.

[118] Vgl. Ulber, § 14 Rn. 15; Schüren/*Hamann,* § 14 Rn. 122.

[119] Vgl. Ulber, § 14 Nr. 17 ff.

Ersatzkraft zu stellen. Diese Verpflichtung richtet sich jedoch nach dem Überlassungsvertrag, der ggf. auch andere Regelungen beinhalten kann.[120] Dabei ist es dem Entleiher grundsätzlich nicht zuzumuten für die Zeiten der Betriebsratstätigkeit ständig neue Leiharbeitnehmer einzusetzen und einzuarbeiten. In der Praxis werden Betriebsversammlungen des Verleiherbetriebs daher vornehmlich samstags abgehalten. So ist es den überbetrieblich eingesetzten Leiharbeitnehmern möglich diese aufzusuchen, ohne das im Großteil der Fälle die Arbeit im Einsatzbetrieb niederlegt werden muss. Für die Abwesenheitszeiten aufgrund von Betriebs- oder Jugend- und Auszubildendenversammlungen im Verleiherbetrieb schuldet der Entleiher keine Vergütung, da diese naturgemäß nur Angelegenheiten betreffen, die ihren Ursprung im Verleiherbetrieb haben. Abweichenden Reglungen im Überlassungsvertrag wären unzulässig.[121] Auch bei Jugendlichen ist eine Anstellung als Leiharbeitnehmer nicht ausgeschlossen, sie können nach Maßgabe der §§ 60 ff. BetrVG eine Jugendvertretung wählen. Jugendliche Leiharbeitnehmer sind nach Maßgabe der §§ 42 ff., 71 BetrVG berechtigt, an Jugendversammlungen teilzunehmen. Sie müssen entsprechend der Regelungen zu den Betriebs- und Abteilungsversammlungen und Sprechstunden freigestellt werden.

5.2.3.2 Leiharbeitnehmer als Funktionsträger

Betätigt sich ein Leiharbeitnehmer als Betriebsratsmitglied, Mitglied des Wahlvorstandes oder Mitglied einer Jugend- und Auszubildendenvertretung im Verleiherbetrieb, so ist dieser unter Fortzahlung der Vergütung einschließlich Wege- und Reisezeiten nach §§ 37 Abs. 2, 20 Abs. 3, 65 Abs. 1 BetrVG von der Arbeit freizustellen.[122] Nimmt ein Leiharbeitnehmer Betriebsratsfunktionen mit erheblichem Zeitaufwand wahr, ist dies dem Entleiher vom Verleiher frühzeitig mitzuteilen. Durch den Überlassungsvertrag kann vereinbart werden, dass der Entleiher dem Verleiher für die Zeiten der Funktionsausübung Ersatzarbeitnehmer zu stellen hat. Kommt der Verleiher dieser Ersatzgestellung nicht nach, hat er keinen Anspruch auf die Überlassungsvergütung für den nicht abgedeckten Zeitraum. Lage und Dauer der Betriebsratszeiten können jedoch nicht vom Entleiher vorgegeben werden, jedoch hat sich der Leiharbeitnehmer vor dem Verlassen des Arbeitsplatzes beim Entleiher abzumelden und die Gründe dafür stichwortartig mitzuteilen.[123] Diese Abmeldepflicht darf jedoch nicht soweit gehen, dass die Wahrung der Betriebsratsfunktion durch aufwendige Mitteilungs- oder Abmeldeverfahren beeinträchtigt wird.[124] Auch dringende betriebliche Erfordernisse können eine Wahrung der Betriebsratsfunktion nicht einschrän-

---

[120] Vgl. Urban-Crell/Schulz, Rn. 911.

[121] Vgl. Schüren/*Hamann,* § 14 Rn. 122.

[122] Vgl. Ulber, § 14 Rn. 17 ff.

[123] BAG vom 13.5.1997, NZA 1997, S. 1062.

[124] BAG vom 23.6.1983, AP Nr. 45 zu § 37 BetrVG 1972.

ken. Zur Wahrung der Betriebsratsaufgaben ist lediglich erforderlich, dass das Betriebsratsmitglied selbst die Arbeitsversäumnis für erforderlich hält.[125] In Ausnahmefällen können dringende betriebsbedingte Gründe vorliegen, welche eine Wahrnehmung der Betriebsratsaufgaben erfordern, die außerhalb der Arbeitszeit liegen. Diese Gründe dürfen sich nicht auf die im Entleiherbetrieb zu verrichtende Arbeitsleistung stützen. Ferner ist ein Freizeitausgleich nach § 37 Abs. 3 BetrVG zu gewähren.

5.2.3.3 Unterrichtungs- und Erörterungsrecht § 81 BetrVG

§ 81 BetrVG begründet eine Informations- und Belehrungspflicht des Verleihers in Bezug zum konkreten Aufgaben- und Verantwortungsbereich des Leiharbeitnehmers. Dazu gehört ebenfalls eine Unterrichtung über die Art seiner Tätigkeit und ihre Einordnung in den Arbeitsablauf des Entleiherbetriebs. Darunter fallen auch die zu beachtenden Unfall- und Gesundheitsgefahren. Sie werden durch die Bestimmungen des ArbSchG konkretisiert und erweitert. Derartige Belehrungen erfolgen in Form von Unterweisungen, die eigens auf den Arbeitsplatz des Leiharbeitnehmers zugeschnittene Anweisungen und Erläuterungen enthalten.[126] Diese Pflicht überschneidet sich mit einer entsprechenden Pflicht zur Einhaltung der allgemeinen Arbeitsschutzvorschriften beim Entleiher. Somit sichert der Gesetzgeber einen Leiharbeitnehmer in dieser Hinsicht doppelt ab, was § 11 Abs. 6 Satz 1, Hs. 2 AÜG klarstellt. Zwar sind an diese Pflicht keine überzogenen Anforderungen zu stellen, dennoch muss sich der Verleiher zumindest Stichprobenartig von der Einhaltung der Arbeitssicherheitsvorschriften im Entleiherbetrieb überzeugen.[127] Entsprechendes gilt, soweit sich der Arbeitsbereich des bereits zur Arbeitsleistung überlassenen Leiharbeitnehmers ändert. In der Praxis erfolgt die Einhaltung dieser Pflicht von Seiten des Verleihers durch sog. Betriebs- oder Arbeitsplatzbegehungen, die regelmäßig vor der Überlassung stattfinden. Anwendbar ist ebenfalls § 81 Abs. 4 BetrVG. Dort ist niedergelegt, dass die angemessene Weiterbildung und Weiterqualifizierung grundsätzlich dem Verleiher obliegt. Dabei ist selbstverständlich, dass fehlende oder unzureichende Weiterqualifizierung die Einsatzmöglichkeiten[128] eines Leiharbeitnehmers, sowie in der betriebswirtschaftlichen Folge die Wettbewerbsfähigkeit des Verleihunternehmens, generell verschlechtern.

5.2.3.4 Anhörungs- und Erörterungsrecht § 82 BetrVG

Die Vorschrift § 82 BetrVG beinhaltet ein Anhörungs- und Erörterungsrecht des Arbeitnehmers und ergänzt somit § 81 BetrVG. Die Vorschrift statuiert das Recht des Leiharbeitnehmers hinsichtlich aller betrieblichen Angelegenheiten, die seine Person betreffen, gehört zu werden. Auch hier besteht die innere Begrenzung, dass ein Zusammenhang zum Ver-

---

[125] BAG vom 6.8.1981, 6 AZR 505/78, AP Nr. 39 zu § 37 BetrVG 1972.

[126] Vgl. FESTL, § 81 Rn. 10.

[127] Vgl. Wetzling, BV 1998, S. 113.

[128] Vgl. Boemke/Lembke, § 14 Rn. 19.

leiherbetrieb bestehen muss.[129] Der Leiharbeitnehmer kann aufgrund dieser Vorschrift initiativ werden um Auskunft über seine persönliche Stellung im Betrieb oder seine berufliche Entwicklung zu erhalten. Des Weiteren kann er aufgrund dieser Vorschrift die Erläuterung der Berechnung (Arbeitszeit, Höhe des Stundenlohns, Akkordlohnberechnung u.ä.) und Zusammensetzung (Grundlohn, Überstundenvergütung, Zulagen, Prämien, vermögenswirksame Leistungen u.ä.) seines Arbeitsentgeltes beim Verleiher verlangen. Dieses Recht kann er nur gegenüber dem Verleiher geltend machen, da nur dieser Schuldner des Entgelts ist. Unter diese Vorschrift fallen des Weiteren die Besprechung von sog. Beurteilungsgesprächen und Zeugnissen. Wurde im Überlassungsvertrag vereinbart, dass der Entleiher eine Beurteilung des Leistungs- und Führungsverhaltens eines Leiharbeitnehmers zu erstellen hat, so ist der Verleiher zur Erörterung dieser Beurteilung verpflichtet. Bei derartigen Gesprächen hat der Leiharbeitnehmer die Möglichkeit ein bestimmtes Mitglied des Verleiherbetriebsrates zur Unterstützung hinzuzuziehen.[130]

5.2.3.5 Einsicht in die Personalakten § 83 BetrVG

Die Personalakten führt der Verleiher als Arbeitgeber des Leiharbeitnehmers. Daher kann grundsätzlich nur ihm gegenüber das Recht zur Einsicht bestehen. Führt der Entleiher jedoch Aufzeichnungen über Leistungs- und Verhaltensdaten, als Grundlage für eine spätere Beurteilung, so ist dem Leiharbeitnehmer für diese ebenfalls ein Recht zur Einsicht zuzugestehen. In diesem Zusammenhang ist im Sinne einer Personalakte jede Sammlung von Unterlagen über einen bestimmten Arbeitnehmer zu verstehen. Dazu gehören ebenso die in elektronischen Datenbanken gespeicherten Personaldaten.[131]

5.2.3.6 Beschwerderecht §§ 84 - 86 BetrVG

Das in §§ 84 bis 86 BetrVG geregelte Beschwerderecht besteht nebeneinander im Ver- und Entleiherbetrieb. Als Besonderheit steht dem Leiharbeitnehmer das Beschwerderecht bei dem Verleiher auch hinsichtlich Beeinträchtigungen zu, die ihren Ursprung im Entleiherbetrieb haben. Der Kreis der beschwerdefähigen Angelegenheiten ist sehr weit reichend, es muss lediglich die individuelle Stellung als Arbeitnehmer betroffen sein. In solchen Fällen bleibt es die Entscheidung des Leiharbeitnehmers und seiner persönlichen Einschätzung überlassen, ob er sich an den Betriebsrat des Ver- oder Entleiherbetriebes wendet.[132] Werden derartige Beschwerden an den Verleiher direkt oder durch den dortigen Betriebsrat gerichtet, so hat dieser sich für entsprechende Abhilfe einzusetzen. Keinesfalls ist der Verleiherbetriebsrat berechtigt unmittelbar mit dem Betriebsrat des Entleihers Kontakt aufzunehmen. Seine Befugnisse beschränken sich auf den Verleiherbetrieb, folglich auf den

---

[129] Vgl. Boemke/Lembke, § 14 Rn. 78.

[130] Vgl. FESTL, § 82 Rn. 9 ff..

[131] Vgl. FESTL, § 83 Rn. 3.

[132] Vgl. Schüren/Hamann, § 14 Rn. 99; a.A. Thüsing/*Thüsing,* § 14 Rn. 92.

Betrieb, für den er gebildet wurde.[133] Somit ist der Verleiherbetriebsrat gehalten die Beschwerde an den Verleiher weiterzuleiten, der wiederum verpflichtet ist sich dann für entsprechende Abhilfe beim Entleiher einzusetzen. Der Verleiherbetriebsrat ist darüber hinaus für Beschwerden zuständig, durch die das arbeitsvertragliche Grundverhältnis berührt wird. Seine Fürsorgepflicht gegenüber dem Leiharbeitnehmer leitet sich umfassend aus dem Arbeitsvertrag ab.[134] Der Verleiher ist aufgrund seiner Fürsorgepflicht daran gehalten einer etwaigen Beschwerde nachzugehen und Auskünfte einzuholen, ob diese berechtigt ist. Im Rahmen der gewonnenen Erkenntnisse hat er anschließend beim Entleiher auf Abhilfe zu drängen, und dem Leiharbeitnehmer das Ergebnis seiner Bemühungen mitzuteilen.[135] Das Recht auf Hinzuziehung eines Betriebsratsmitgliedes gem. § 84 Abs. 1 Satz 2 BetrVG ist insoweit beschränkt, dass es ein Mitglied desjenigen Betriebsrates sein muss, in dessen Betrieb die Ursache der Beschwerde liegt. Somit kann der Leiharbeitnehmer nur ein Mitglied des Verleiherbetriebsrates hinzuziehen, soweit es sich um Angelegenheiten mit Ursache im Verleiherbetrieb handelt et vice versa. Das gesetzliche Verfahren nach § 85 Abs. 2 und 3 BetrVG ist hier einschlägig, egal ob die Beschwerdestelle des Ver- oder Entleiherbetriebs angerufen wird. Existieren tarifliche oder betriebliche Regelungen, so sind diese auch auf das Verfahren betreffend Leiharbeitnehmer anzuwenden, obwohl diese sonst nur für die dem Betrieb angehörigen Arbeitnehmer gelten.[136] Dabei ist zu beachten, dass ein Tarifvertrag, soweit er Gültigkeit entfaltet, vorrangig das Beschwerdeverfahren regelt. Dies ergibt sich aus der Unabdingbarkeitswirkung gem. § 4 Abs. 1 Satz 2 TVG, soweit der Entleiherbetrieb tarifgebunden ist gem. § 3 Abs. 2 TVG.[137] Bestehen Meinungsverschiedenheiten zwischen dem Betriebsrat und dem Arbeitgeber, bezüglich der Berechtigung einer Beschwerde, kann der Betriebsrat die Einigungsstelle anrufen. Ihr Spruch ersetzt die Einigung gem. § 85 Abs. 2 BetrVG. Dem Leiharbeitnehmer darf ebenso wenig wie einem Stammarbeitnehmer aus der Erhebung einer Beschwerde eine Schlechterstellung widerfahren, dies statuiert § 17 Abs. 2 Satz 1 und 2 ArbSchG. Entsprechendes gilt auch, sollte der Entleiher der Beschwerde nicht abhelfen und sich der Leiharbeitnehmer an die zuständige Aufsichtsbehörde wenden. Diese Vorschrift konkretisiert das in § 612 a BGB enthaltene Benachteiligungsverbot.

5.3 Beteiligungsrechte des Verleiherbetriebsrates

Wie bereits erläutert sind die Mitbestimmungsrechte des Verleiherbetriebsrates auf den Betrieb begrenzt, für den er gebildet wurde. Die Beteiligungsrechte des Verleiherbetriebsra-

---

[133] Vgl. Stückmann, DB 1999, S. 1904.

[134] Vgl. Schüren/*Hamann,* § 14 Rn. 104, 133.

[135] Vgl. Schüren/*Hamann,* § 14 Rn. 86.

[136] BAG vom 15.12.1992, AP Nr. 7 zu § 14 AÜG, NZA 1993, S. 513 ff..

[137] Vgl. FESTL, § 86 BetrVG, Rn. 1.

tes sind auf die Mitwirkung an Entscheidungen in sozialen, personellen und wirtschaftlichen Angelegenheiten des Vertragsarbeitgebers gerichtet.[138]

5.3.1 Allgemeine Aufgaben §§ 75, 80 BetrVG

Dem Betriebsrat im Verleiherbetrieb stehen dort in Hinsicht auf Stamm- und Leiharbeitnehmer[139] die allgemeinen Aufgaben gem. § 80 BetrVG zu. Diese können sich sowohl auf den sozialen, den personellen oder den wirtschaftlichen Bereich beziehen. Diese Vorschriften statuierten die allgemeinen Aufgaben und präzisieren die dem Betriebsrat zugewiesenen Schutzaufträge und Förderungspflichten. Dabei handelt es sich jedoch nicht um eine abschließende Aufzählung.[140] Aus einer Vielzahl gesetzlicher Bestimmungen außerhalb des BetrVG ergeben sich weitere Aufgaben des Betriebsrates.[141] In § 75 BetrVG ist ein betriebsverfassungsrechtlicher Gleichstellungsgrundsatz dergestalt niedergelegt, dass der Verleiherbetriebsrat dafür Sorge zu tragen hat, dass es nicht zu einer Benachteiligung von Leiharbeitnehmern im Vergleich zu Stammarbeitnehmern kommt, welche aus ihrer Stellung als Leiharbeitnehmer resultieren. In Frage käme hier eine Schlechterstellung durch den Ausschluss von Zusatzleistungen wie Urlaubsgeld, Jahressonderzahlungen oder der betrieblichen Altersvorsorge.[142] Jedoch gilt diese Gleichbehandlung nur dort uneingeschränkt, wo im Wesentlichen von gleich gelagerten Sachverhalten ausgegangen werden kann und keine sachliche Rechtfertigung gegeben ist.[143] Demnach ist es einem Verleiher grundsätzlich nicht möglich an sein Stammpersonal Weihnachtsgeld auszuzahlen, an das in ebenfalls einem Dauerarbeitsverhältnis stehende Leihpersonal desselben Verleihers jedoch nicht.[144] Sollten Benachteiligungsgründe aus § 1 AGG vorliegen kann eine Rechtfertigung nur nach §§ 8 – 10 AGG erfolgen. Aufgrund der atypischen Struktur des Leiharbeitsverhältnisses ergeben sich in Bezug auf § 80 Abs. 1 BetrVG im Vergleich zu Normalarbeitsverhältnissen einige Besonderheiten. Daher werden nachfolgend die einzelnen Bestimmungen in § 80 Abs. 1 BetrVG näher untersucht, ob sie in Bezug auf Leiharbeitnehmer im Verleiherbetrieb zur Anwendung kommen können. Da § 80 Abs. 1 BetrVG die Einhaltung von Arbeitnehmerschutzvorschriften gewährleisten soll, ist deren Einhaltung vom sachnäheren Entleiherbetriebsrat zu gewährleisten. Der Verleiherbetriebsrat ist aber in jedem Fall ebenfalls für deren Überwachung zuständig. Daher muss es diesem grundsätzlich gestattet sein, den zur Arbeitsleistung überlassenen Arbeitnehmer auch an dessen Arbeitsplatz beim Ent-

---

[138] Vgl. Thüsing/*Thüsing,* § 14 Rn. 24.

[139] Vgl. Schüren/*Hamann,* § 14 Rn. 347.

[140] Vgl. FESTL, § 80 Rn. 1 ff.

[141] Vgl. umfassende Übersicht in Pulte, NZA-RR 2008, S. 113.

[142] Vgl. Boemke/Lembke, § 14 Rn. 25.

[143] Vgl. Thüsing/*Thüsing,* § 14 Rn. 22.

[144] Vgl. Boemke/Lembke, § 14 Rn. 25.

leiher aufzusuchen.[145] Dies kann für die Überprüfung der Einhaltung von Arbeitsschutzvorschriften am direkten Arbeitsplatz oder für Betriebsbegehungen nötig sein. Darüber hinaus kann sich weiterführend auch eine Kontaktaufnahme mit dem Betriebsrat im Entleiherbetrieb begründen.[146] Vereinzelt wird aus der teilweisen Überschneidung der Zuständigkeiten von Ver- und Entleiherbetriebsrat in der Literatur auch eine Verpflichtung zur Kooperation der Betriebsräte abgeleitet, die dann insb. den Bereich der mitbestimmungspflichtigen, sozialen Angelegenheiten betrifft.[147] Der Betriebsrat im Verleiherbetrieb kann die übrigen durch § 80 Abs. 1 BetrVG gewährten Rechte in Bezug auf die dort beschäftigten unechten Leiharbeitnehmer nur in sehr begrenztem Maße oder gar nicht wahrnehmen. Sie knüpfen teilweise an die Einstellungs- und Beschäftigungspolitik im Verleihunternehmen an. Auf diese kann der Betriebsrat keinen Einfluss nehmen. Oder sie kommen mangels tatsächlicher Beschäftigung von unechten Leiharbeitnehmern im Verleiherbetrieb nicht in Frage. Denn die unechten Leiharbeitnehmer sind grundsätzlich in einem fremden Betrieb eingegliedert, sodass die Rechte und Pflichten aus § 80 Abs. 1 BetrVG dann im dortigen Entleiherbetrieb wahrgenommen werden können und müssen.

5.3.2 Beteiligungsrechte in sozialen Angelegenheiten §§ 87 ff. BetrVG

§ 87 BetrVG zählt in den Ziffern 1 bis 13 die praktisch bedeutsamsten Mitbestimmungsrechte des Betriebsrats in sozialen Angelegenheiten abschließend auf. Der Arbeitgeber kann eine Maßnahme, die in diesem Katalog erfasst wird, nur dann durchführen, wenn der Betriebsrat zuvor sein Mitbestimmungsrecht ausgeübt, oder die Einigungsstelle eine bindende Entscheidung getroffen hat. Daher handelt es sich bei den in § 87 BetrVG statuierten Rechten um echte erzwingbare Mitbestimmungsrechte des Betriebsrates. Daneben steht dem Betriebsrat in diesen Angelegenheiten auch ein Initiativrecht zu. Folglich gehört die Wahrung dieser Aufgaben zum Kernbereich der Arbeit des Betriebsrates.[148] Grundsätzlich sind die Beteiligungsrechte in sozialen Angelegenheiten des Leiharbeitnehmers vom Verleiher wahrzunehmen. Von diesem Grundsatz wird aber in den Fällen abgewichen, in welchen seine Zuständigkeit entfällt weil es sich um Angelegenheiten handelt, welche die Art und Weise der Arbeitsleistung oder das sonstige Verhalten des entliehenen Arbeitnehmers während des Arbeitseinsatzes beim Entleiher betreffen. Folglich ist in diesen Fällen der Entleiherbetriebsrat für den Schutz der Leiharbeitnehmer zuständig.[149] Zusammenfassend richtet sich das Mitbestimmungsrecht des Betriebsrats des Verleihers also danach, ob der Verleiher oder der Entleiher die mitbestimmungspflichtige Entscheidung trifft.[150] Dies gilt

---

[145] Vgl. Thüsing/*Thüsing,* § 14 Rn. 25.

[146] Vgl. Schüren/*Hamann,* § 14 Rn. 350.

[147] Vgl. Ulber, § 14 Rn. 25.

[148] Vgl. Pulte, Kollektives Arbeitsrecht, S. 60.

[149] BAG vom 15.12.1992, AP Nr. 7 zu § 14 AÜG, NZA 1993, S. 513 ff..

[150] BAG vom 19.6.2001, NZA 2001, S. 1263 ff. = DB 2001, S. 2301 ff. = BB 2001, S. 2582 ff..

allerdings nur, insoweit es keine entsprechenden Vereinbarungen auf tariflicher oder betrieblicher Ebene gibt, denn die Regelungen in Tarifverträgen oder durch Betriebsvereinbarungen haben Vorrang vor den Mitbestimmungsrechten. Besteht eine solche ist eine zusätzliche Mitbestimmung der Betriebsparteien nicht geboten, denn die Interessen der Arbeitnehmer sind hinreichend gewahrt. Tarifverträge und Betriebsvereinbarungen gelten nach § 77 Abs. 4 Satz 1 BetrVG grundsätzlich für die Leiharbeitnehmer des Verleihers. Dies gilt unabhängig vom Einsatzbetrieb. Darüber hinaus kann die Geltung von Tarifverträgen nicht vertraglich ausgeschlossen werden. Sie bilden höherrangiges Recht zu individualvertraglichen Gestaltungen. Die Geltung von Betriebsvereinbarungen kann durch Parteivereinbarung insoweit nur eingeschränkt werden, dass sie lediglich für die Leiharbeitnehmer Geltung entfalten, die im Verleiherbetrieb selbst ihre Arbeitsleistung erbringen.[151]

5.3.2.1 Ordnung des Betriebs

Während einer Überlassung ist die Bedeutung dieses Mitbestimmungsrechts für den Verleiher eher gering. Die Arbeitsleistung wird hauptsächlich im Entleiherbetrieb erbracht, sodass dem ein Weisungsrecht bezüglich des Arbeits- und Ordnungsverhaltens des Leiharbeitnehmers dem Entleiher zusteht. Unter das Ordnungsverhalten können Regelungen über das Betreten und das Verlassen eines Betriebsgeländes, Regelungen bzgl. Werksausweisen und einer einheitlichen Arbeitskleidung, inklusive deren Einführung und die Ausstattung der Mitarbeiter, qualifiziert werden. Außerdem fallen Rauch- und Alkoholverbote unter das Ordnungsverhalten. Zum Tragen kommen derartige Regelungen jedoch nur soweit sich der Leiharbeitnehmer ausnahmsweise im Betrieb des Verleihers aufhält. Betriebsvereinbarungen dann auch für den Leiharbeitnehmer. Das Verhalten der Arbeitnehmer im Entleiherbetrieb unterliegt der ausschließlichen Mitbestimmung des Entleihers. Daneben kommen jedoch auch Melde- und Verhaltenspflichten während der Einsätze beim Verleiher oder standardisierte Abmelde- und Nachweisverfahren bei krankheitsbedingter Arbeitsunfähigkeit[152] zur Regelung des Ordnungsverhaltens in Betracht.

5.3.2.2 Lage der Arbeitszeit

Gem. § 87 Abs. 1 Ziff. 2 BetrVG hat der Betriebsrat des Verleihers ein Mitbestimmungsrecht im Hinblick auf den Beginn und das Ende der täglichen Arbeitszeit, einschließlich der Verteilung der einzelnen Arbeitstage auf die Wochenarbeitszeit und etwaige Pausenregelungen.[153] Da der Leiharbeitnehmer seine Arbeitsleistung im Entleiherbetrieb erbringt richtet sich seine Arbeitszeit grundsätzlich nach den Gegebenheiten und Anforderungen im Entleiherbetrieb. Die Arbeitszeiten des Leiharbeitnehmers dürften sich folglich nicht von denen der Stammarbeitnehmer unterscheiden, daher kann dem Verleiher praxisbedingt hier

---

[151] Vgl. Thüsing/*Thüsing,* § 14 Rn. 23; Boemke/Lembke, § 14 Rn. 26.

[152] Vgl. Schüren/*Hamann,* § 14 Rn. 356.

[153] Vgl. FESTL, § 87 Rn. 106, 112, 114, 118.

nur ein sehr begrenztes Mitbestimmungsrecht zustehen. In den Tarifverträgen zur Arbeitnehmerüberlassung ist (z.B. in § 3.1.3 MTV DGB/iGZ bzw. § 4.1 MTV DGB/BZA) jeweils vereinbart, dass sich der Beginn und das Ende der täglichen Arbeitszeit einschließlich Pausen nach den im Entleiherbetrieb geltenden Bestimmungen richtet.[154]

5.3.2.3 Betriebsübliche Arbeitszeitdauer

Eine vorübergehende Verkürzung oder Verlängerung der betriebsüblichen Arbeitszeit des Leiharbeitnehmers unterliegt gem. § 87 Abs. 1 Ziff. 3 BetrVG dem Mitbestimmungsrecht des Betriebsrats. Grundsätzlich sollen hier die Entgeltinteressen der Arbeitnehmer gewahrt werden, die sich aus einer zeitweiligen Erhöhung oder Verringerung der Arbeitszeitdauer ergeben könnten.[155] Soweit ein Leiharbeitnehmer in einem reinen Verleiherbetrieb beschäftigt ist, in dem selbst keine Leiharbeitnehmer eingesetzt werden, ist zunächst zu bestimmen wonach sich die betriebsübliche Arbeitszeit richtet. Nach Ansicht des BAG ist die Arbeitszeit „diejenige Zeit, innerhalb derer die Arbeitnehmer ihrer vertraglich geschuldeten Arbeitsleistung nachkommen müssen. Sie legt zugleich den Zeitraum fest, für den der Arbeitgeber die Vergütung schuldet." Des Weiteren stellt das BAG auf die individualrechtlich vereinbarten Arbeitszeiten der Leiharbeitnehmer ab.[156] Folglich besteht für die Entsendung in Entleiherbetriebe mit einer höheren als der vertraglich geschuldeten Arbeitszeit das Mitbestimmungsrecht des Verleiherbetriebsrats. Da durch diese Entsendung der Verleiher gegenüber dem Leiharbeitnehmer Mehrarbeit anordnet, die zu einer vorübergehenden Erhöhung der betrieblichen Arbeitszeit im Verleiherbetrieb führt.[157]

5.3.2.4 Auszahlung des Arbeitsentgelts

Die Auszahlung des Arbeitsentgeltes ist eine Hauptleistungspflicht des Verleihers als Vertragsarbeitgeber. Folglich kann der Leiharbeitnehmer Entgeltansprüche auch nur gegenüber dem Verleiher geltend machen, so kann auch nur dem Betriebsrat des Verleihers ein Mitbestimmungsrecht nach § 87 Abs. 1 Ziff. 4 BetrVG in Hinsicht auf Zeit, Ort und Art der Auszahlung des Arbeitsentgelts zustehen.[158] Alle Mitbestimmungsrechte bezüglich der Entlohnung treffen den Verleiherbetriebsrat.[159] Hat der Entleiher dem Leiharbeitnehmer gegenüber eigene Zahlungsverpflichtungen wie Essensgeld oder Fahrgeld übernommen,[160] und

---

[154] Vgl. Rohde, Leiharbeit, S. 28.

[155] Vgl. FESTL, § 87 Rn. 131.

[156] BAG vom 23.7.1996, NZA 1997, S. 274 ff..

[157] BAG vom 19.6.2001, NZA 2001, S. 1263 ff. = DB 2001, S. 2301 ff. = BB 2001, S. 2582 ff..

[158] Vgl. Schüren/*Hamann,* § 14 Rn. 367.

[159] BAG vom 15.12.1992, AP Nr. 7 zu § 14 AÜG, NZA 1993, S. 513 ff..

[160] Vgl. Schüren/Hamann, § 14 Rn. 256.

sollen diese Zahlungen direkt an den Leiharbeitnehmer geleistet werden, kommt für diese Angelegenheiten das Mitbestimmungsrecht des Verleiherbetriebsrats nicht in Betracht. Hier ist der Entleiherbetriebsrat zuständig.[161]

5.3.2.5 Urlaubsgewährung

Erfasst von der Regelung des § 87 Abs. 1 Ziff. 5 BetrVG werden die zeitliche Lage des Erholungs- und Bildungsurlaubs. Die Regelungen betreffen das arbeitsvertragliche Grundverhältnis, und sind vom Verleiher zu gewähren. Folglich steht dem Betriebsrat des Verleihers das Mitbestimmungsrecht zu. Dies gilt auch dann, wenn z.B. in einsatzfreien Zeiten aufgrund von fehlender Einsatzmöglichkeit im Entleiherbetrieb, durch beispielsweise Betriebsferien oder Schlechtwetterlage, eine Abstimmung mit dem Entleiher erforderlich ist.[162] Sollte im Überlassungsvertrag von der Möglichkeit gebrauch gemacht werden, dass der Entleiher zur verbindlichen Gewährung des Urlaubs für und gegen den Leiharbeitnehmer berechtigt wird, so hat der Verleiherbetriebsrat über die Maßnahme zu entscheiden. Durch derartige Maßnahmen kann das Mitbestimmungsrecht nicht ohne Beteiligung des Betriebsrates im Verleiherbetrieb auf den Entleiher verlagert werden.[163]

5.3.2.6 Technische Überwachungseinrichtungen

Bei der Regelung § 87 Abs. 1 Ziff. 6 BetrVG geht es um den Persönlichkeitsschutz bei der Erbringung der Arbeitsleistung. Da diese im Entleiherbetrieb erfolgt, kann dem Verleiherbetriebsrat grundsätzlich kein Mitbestimmungsrecht zustehen. Ausnahmen bestehen dort, wo durch den Verleiher technische Überwachungsreinrichtungen angelegt werden wie z.B. bei elektronischen Personalinformationssystemen. Auch diese können Personalmaßnahmen bilden.[164] In Betracht kommen z.B. die Arbeitswirtschaftsinformationssysteme ARWIS, Paisy oder SAP R/3.

5.3.2.7 Unfallverhütung und Gesundheitsschutz

In § 87 Abs. 1 Ziff. 7 BetrVG werden Regelungen bezüglich der Vermeidung von Arbeitsunfällen und Berufskrankheiten dem allgemeinen Gesundheitsschutz und Unfallverhütungsvorschriften erfasst. Dem Verleiher obliegt insb. die allgemeine arbeitsmedizinische Vorsorge, insofern obliegt dem Verleiherbetriebsrat ein Mitbestimmungsrecht.[165] Dieses wird durch § 11 Abs. 6 Satz 1 AÜG spezialgesetzlich geregelt.[166] Grundsätzlich obliegt der

---

[161] Vgl. Boemke/Lembke, § 14 Rn. 36.

[162] Vgl. Schüren/*Hamann,* § 14 Rn. 368; Boemke/Lembke § 14 Rn. 37.

[163] Vgl. Thüsing/*Thüsing,* § 14 Rn. 31.

[164] Vg. Schüren/*Hamann,* § 14 Rn. 369.

[165] Vgl. Urban-Crell/Schulz, Rn. 998.

[166] Vgl. Dewender, S. 71.

ergänzende Unfallschutz jedoch der Mitbestimmung des Entleiherbetriebsrates, da dieser für die Einhaltung der öffentlichrechtlichen Arbeitsschutzbestimmungen verantwortlich ist.

5.3.2.8 Sozialreinrichtungen/Werkmietwohnungen

Grundsätzlich ist vom Arbeitgeber bei der Errichtung von Sozialeinrichtungen wie z.B. Kantinen, Erholungsräume, Kindergärten oder Sportanlagen der allgemeine Gleichbehandlungsgrundsatz zu beachten. Folglich ist Leiharbeitnehmern in Mischbetrieben eine (finanzielle) Entschädigung zu zahlen, wenn ihnen, auf Grund der auswärtigen Arbeitsleistung, die Teilhabe an den Sozialeinrichtungen verwährt wird. Entsprechendes gilt für Werkmietwohnungen, die einen Unterfall des § 87 Abs. 1 Ziff. 8 BetrVG darstellen. Die Gleichbehandlungspflicht bei der Nutzung von Sozialeinrichtungen im Einsatzbetrieb, bereitet in der Praxis Schwierigkeiten. Die Verpflichtung zur Gleichbehandlung trifft den Verleiher. Der jedoch nicht über eine Nutzungsberechtigung der Leiharbeitnehmer im Einsatzbetrieb entscheiden kann. Diese Entscheidung unterliegt dem Entleiher. Daher ist es ratsam eine entsprechende Vereinbarung bereits im Arbeitnehmerüberlassungsvertrag zu schießen, die es den Leiharbeitnehmern ermöglicht die Sozialeinrichtungen im Betrieb des Entleihers zu nutzen.[167]

5.3.2.9 Betriebliche Lohngestaltung

Für die Aufstellung von Entlohnungsgrundsätzen und die Festsetzung leistungsbezogener Entgelte § 87 Abs. 1 Ziff. 10 und 11 BetrVG ist der Betriebsrat im Verleiherbetrieb zuständig. Dies gilt für den Fall, soweit diese Fragen nicht bereits in einem auf das Arbeitsverhältnis anzuwendenden Tarifvertrag oder aufgrund des Equal-Pay/Equal-Treatment-Gebots im Entleiherbetrieb geregelt sind.[168] Sollen leistungsbezogene Entgelte gezahlt werden, so hat der Verleiherbetriebsrat mitzubestimmen. Wenn es sich um Entgelte handelt, die ihren Ursprung im Verleiherbetrieb finden. Dies können z.B. Zusatzleistungen für verlängerte Anfahrtswege zum Betrieb des Entleihers sein. Handelt es sich um Leistungen, die der Entleiher festsetzt, wie z.B. Leistungslohn, hat der Entleiherbetriebsrat mitzubestimmen. In den Tarifverträgen zur Arbeitnehmerüberlassung finden sich keine entsprechenden Regelungen zum Leistungslohn, sodass sich eine etwaige Regelung nach § 9 Ziff. 2 AÜG richten würde.

5.3.2.10 Betriebliches Vorschlagwesen

Das Mitbestimmungsrecht in § 87 Abs. 1 Ziff. 12 BetrVG erfasst Verbesserungsvorschläge, die nicht unter das ArbNErfG fallen. Da der unechte Leiharbeitnehmer seine Arbeitsleistung grundsätzlich nur in Betrieben von ggf. verschiedenen Entleihern erbringt, kommt das betriebliche Vorschlagwesen grundsätzlich nur für Bereiche in Betracht, die in der Sphäre

[167] Vgl. Hamann, Fremdpersonal im Unternehmen, S. 47.

[168] Vgl. Beseler, Leiharbeit, S. 79.

des Entleiherbetriebs liegen. Daher kommt für den beim Verleiher gebildeten Betriebsrat hier ein Mitbestimmungsrecht grundsätzlich nicht in Betracht. Beziehen sich Verbesserungsvorschläge eines Leiharbeitnehmers jedoch auf den Überlassungsprozess an sich, sind die Grundsätze des betrieblichen Vorschlagwesens im Betrieb des Verleihers einschlägig.[169] Eine Vereinbarung, die Leiharbeitnehmer vom Kreis der vorschlagsberechtigten Arbeitnehmer ausschließen würde, wäre nach der Maßgabe des § 75 BetrVG zu beurteilen. Ein derartiger Ausschluss wäre alleine durch die Stellung der Leiharbeitnehmer im Verleiherbetrieb nicht zu rechtfertigen.[170]

5.3.2.11 Gruppenarbeit

Bei der Durchführung von Gruppenarbeit hat der Betriebsrat des Verleihers keine Mitbestimmungsrechte, denn die Gruppenarbeit vollzieht sich tatsächlich im Entleiherbetrieb, im dortigen Arbeitsablauf[171] und unterliegt daher der Mitbestimmung des dort gebildeten Betriebsrats.

5.3.3 Arbeitsplatz/Arbeitsablauf und Umgebung § 90 f. BetrVG

Die Gestaltung von Arbeitsplatz, Arbeitsablauf und Arbeitumgebung ist in §§ 90, 91 BetrVG geregelt. Hier geht es um die konkreten Bedingungen am Arbeitsplatz des Leiharbeitnehmers, die Auswirkungen auf die Arbeitsablauf und die Arbeitsumgebung haben können. Grundsätzlich hat der Arbeitgeber den Betriebsrat über geplante Änderungen von Arbeitsplatz, Arbeitsablauf oder Arbeitsumfeld zu unterrichten und diese mit ihm zu beraten.[172] Leiharbeitnehmer in reinen Verleiherbetrieben sind von den abschließenden Planungsgegenständen in § 90 Abs. 1 Ziff. 1 – 4 BetrVG in der Praxis nicht betroffen, da diese Arbeitnehmer ihre Arbeitsleistung grundsätzlich in Fremdbetrieben leisten. Diese Rechte können folglich in reinen Verleihbetrieben nicht vom dortigen Betriebsrat wahrgenommen werden.[173] In Mischbetrieben erfüllen die Leiharbeitnehmer ihre Arbeitsleistung im Ver- und Entleiherbetrieb, somit hat auch der Verleiherbetriebsrat in den Angelegenheiten des abschließenden § 90 Abs. 1 Ziff. 1 – 4 BetrVG mitzubestimmen soweit diese seinen Betrieb betreffen.[174] Das gem. § 90 BetrVG eingeräumte Unterrichtungs- und Beratungsrecht wird durch das in § 91 BetrVG statuierte Mitbestimmungsrecht konkretisiert. Durch das Recht aus § 91 BetrVG kann der Betriebsrat unter Umständen eine bestimmte Maßnahme vom Arbeitgeber erzwingen falls gegen gesicherte arbeitswissenschaftliche Er-

---

[169] Vgl. Schüren/*Hamann,* § 14 Rn. 376; Jüttner, S. 196.

[170] Vgl. Jüttner, S. 196.

[171] Vgl. Schüren/*Hamann,* § 14 Rn. 378, Thüsing/*Thüsing,* § 14 Rn. 36.

[172] Vgl. Schüren/*Hamann,* § 14 Rn. 382.

[173] Vgl. Schüren/*Hamann,* § 14 Rn. 383; Thüsing/*Thüsing,* § 14 Rn. 39.

[174] Vgl. Boemke/Lembke, § 14 Rn. 47.

kenntnisse verstoßen wird und dies zu einer besonderen Belastung der Arbeitnehmer führen könnte.[175]

5.3.4 Allgemeine personelle Angelegenheiten §§ 92 ff. BetrVG

Die §§ 92 – 95 BetrVG begründen für den Verleiherbetriebsrat ein Mitbestimmungsrecht in Bezug auf die Personalplanung, Beschäftigungssicherung, Ausschreibung von Arbeitsplätzen, Ausgestaltung von Personalfragebögen, Beurteilungsgrundsätzen und Auswahlrichtlinien. Diese Mitbestimmungsrechte gelten gleichermaßen für Stamm- und Leiharbeitnehmer, soweit sie den Verleiherbetrieb betreffen. Für entsprechende Maßnahmen im Entleiherbetrieb ist der Betriebsrat dort allein zuständig. Hintergrund der Mitbestimmungsrechte in allgemeinen personellen Angelegenheiten der §§ 92 ff. BetrVG ist die Absicht die vom Betriebsinhaber getroffenen Personalentscheidungen für den Betriebsrat und zugleich die Belegschaft transparenter zu machen. Dadurch wird eine erhöhte Akzeptanz angestrebt, die parallel dem Betriebsinhaber ihre Durchsetzung erleichtern soll. Im Folgenden wird daher nur auf die für Leiharbeitnehmer ausschlaggebenden Rechte der §§ 92 ff. BetrVG eingegangen.

5.3.4.1 Ausschreibung von Arbeitsplätzen § 93 BetrVG

Der Verleiherbetriebsrat kann gem. § 93 BetrVG die Ausschreibung von zu besetzenden Arbeitsplätzen im Verleiherbetrieb verlangen. Davon können insbesondere auch die Leiharbeitnehmer profitieren, die nur eine schwache Bindung zum Verleiherbetrieb haben. So können sich auch diese auf Vakanzen im Verleiherbetrieb bewerben, die keine Leiharbeitsplätze darstellen (z.B. Personaldisponent, Sachbearbeiter).

5.3.4.2 Personalfragebögen § 94 Abs. 1 BetrVG

§ 94 BetrVG statuiert ein Mitbestimmungsrecht in Bezug auf die Einführung, Ausgestaltung und Verwendung von Personalfragebögen und der Aufstellung von Beurteilungsgrundsätzen im Verleiherbetrieb. Hier ist der Personalfragebogen als formularmäßige Zusammenfassung von Fragen über die persönlichen Verhältnisse, Kenntnisse und Fähigkeiten des Arbeitnehmers[176] zu verstehen. Diese können als Informationsgrundlage für die Personalplanung und die Einsatzplanung der Überlassung dienen, da auf dort verschriftliche Fähigkeiten und Qualifikationen zurückgegriffen werden kann. Stellt der Entleiher dem Verleihen einen vorgefertigten Personalfragebogen zur Verfügung, weil der Verleihen einen Leiharbeitnehmer nach dort genau vorgegebenen Kriterien, Qualifikationen und Fähigkeiten entsprechend einstellen und anschließend überlassen soll, muss auch hier der Verleiherbetriebsrat zustimmen, o.g. ist entsprechend anzuwenden .[177]

---

[175] Vgl. Dewender, S. 81.

[176] BAG vom 9.7.1991, AP zu § 87 BetrVG 1897 Nr. 19 = RdA 1991, 383.

[177] Vgl. Schüren/*Hamann,* § 14 Rn. 390.

5.3.4.3 Beurteilungsgrundsätze

Die Aufstellung von Beurteilungsgrundsätzen soll eine etwaige Beurteilung der Arbeitnehmer eines Betriebes objektivieren und ihre Leistungen miteinander vergleichbar machen. Diesbezüglich steht dem Betriebsrat ein Mitbestimmungsrecht in § 94 Abs. 2 BetrVG zu. Die Aufstellung von derartigen Beurteilungsgrundsätzen kann jedoch vom Betriebsrat nicht erzwungen werden. Dies ist alleinige Entscheidung des Betriebsinhabers. Die Leistungs- und Führungsbeurteilung des Leiharbeitnehmers unterliegt grundsätzlich dem Vertragsarbeitgeber. Soweit dieser Beurteilungsgrundsätze i.S.d. § 94 Abs. 2, Hs. 2 BetrVG aufstellt, ist dies nur unter Beteiligung des Verleiherbetriebsrates möglich. Wurde im Überlassungsvertrag vereinbart, dass nach Beendigung des Arbeitseinsatzes im Entleiherbetrieb eine Leistungs- und Führungsbeurteilung durch den Entleiher zu erstellen ist, so bildet dies einen mitbestimmungspflichtigen Tatbestand im Entleiherbetrieb. Der Betriebsrat des Verleihers bleibt hier außen vor.

5.3.4.4 Auswahlrichtlinien § 95 BetrVG

Gegenstand der Beteiligung des § 95 BetrVG sind Auswahlrichtlinien, die die personelle Auswahl bei Einstellung, Versetzung, Umgruppierung oder Kündigung betreffen. In Betrieben mit mehr als 500 Arbeitnehmern hat der Betriebsrat sogar ein Initiativrecht für die Aufstellung derartiger Richtlinien. Es sind fachliche, persönliche und soziale Gesichtspunkte zu berücksichtigen um etwaige personelle Entscheidungen in einem Betrieb zu versachlichen und durchschaubar zu machen. Daneben stehen der Betriebsfrieden und eine gerechte Behandlung der Belegschaft im Vordergrund. Da derartige Richtlinien neben Stamm- auch Leiharbeitnehmer betreffen können, ist ihre Aufstellung mitbestimmungspflichtig. Auswahlrichtlinien, betreffend Umgruppierung und Kündigung, können nur beim Vertragsarbeitgeber von Bedeutung sein, da diese an das arbeitsrechtliche Grundverhältnis anknüpfen. Daher kann grundsätzlich nur der Verleiherbetriebsrat ein Mitbestimmungsrecht haben. Auswahlrichtlinien, betreffend die Versetzung eines Leiharbeitnehmers, dürften nur geringe praktische Relevanz entfalten. Zum einen wird die Arbeitsaufgabe eines Leiharbeitnehmers im Arbeitnehmerüberlassungsvertrag nur grob beschrieben (z.B. gewerbliche Hilfskraft in der Produktion, Aushilfe, Springertätigkeiten), zum anderen ist die Zuweisung eines anderen Einsatzbereiches dem Leiharbeitsverhältnis immanent und wegen § 95 Abs. 3 Satz 2 BetrVG keine Versetzung. Die Übernahme von Leiharbeitern in ein Stammarbeitsverhältnis, können im Verleiherbetrieb die Richtlinien zur Versetzung betreffen, soweit es sich um ein Mischunternehmen handelt. Hier ist der Verleiherbetriebsrat mitbestimmungspflichtig.

5.3.5 Berufsbildung §§ 96 ff. BetrVG

Soweit es sich bei Maßnahmen der Berufsbildung (organisierte Vermittlung der zur Ausübung eines bestimmten Berufs erforderlichen Kenntnisse und Fertigkeiten z.B. Ausbildung/Fortbildung/Umschulung) um Maßnahmen handelt, die durch den Verleiher initiiert werden, so beseht das Mitbestimmungsrecht des Verleiherbetriebsrates. Grundsätzlich ist die fachliche Qualifizierung Aufgabe des Vertragsarbeitgebers.[178] Aber auch der Entleiher kann Interesse an einer Qualifizierung während der Überlassung haben, soweit es um Unternehmensspezifische oder besondere Kenntnisse und Fertigkeiten geht, die der Leiharbeitnehmer bisher nicht erworben hatte oder konnte. Insoweit wird auf die Darstellungen zur Berufsbildung im Entleiherbetrieb verwiesen.

5.3.6 Personelle Einzelmaßnahmen §§ 99 ff. BetrVG

Die Beteiligungsrechte des Betriebsrates bei personellen Einzelmaßnahmen sind im Gesetz in den §§ 99 – 105 BetrVG abschließend geregelt und nicht dispositiv. Sie kommen gem. § 99 Abs. 1 Satz 1 BetrVG in Unternehmen mit in der Regel mehr als 20 wahlberechtigten Arbeitnehmern zur Anwendung. Bei den personellen Einzelmaßnahmen handelt es sich um die Einstellung, Eingruppierung, Umgruppierung, Versetzung und Kündigung von Leiharbeitnehmern. Bei der Ermittlung des Schwellenwertes sind alle Arbeitnehmer des Verleihers, somit auch die Leiharbeitnehmer, zu berücksichtigen.[179] Für die Mitbestimmung bei einer erstmaligen Einstellung eines Leiharbeitnehmers zur späteren Überlassung an einen Entleiher ist folglich der Verleiherbetriebsrat zuständig. Ebenso wie für die erstmalige Eingruppierung oder eine spätere Umgruppierung.[180] Die Arbeitnehmerüberlassung ist in ihrem Wesen darauf angelegt, die Arbeitnehmer des Verleihunternehmens dauernd in verschiedenen Betrieben bei Entleihern einzusetzen. Daher kann es sich bei der konkreten Überlassung nicht um eine Versetzung im Sinne des Betriebsverfassungsgesetzes handeln. Eine Versetzung i.S.d. § 95 Abs. 3 BetrVG liegt nur vor, soweit es sich um die Zuweisung eines anderen Arbeitsbereiches für voraussichtlich mehr als einen Monat oder um eine Dauerhafte Veränderung der Arbeitsumstände handelt.

5.3.7 Beendigung von Arbeitsverhältnissen §§ 102 ff. BetrVG

Da die Beteiligungsrechte der §§ 102 ff. BetrVG die Beendigung eines Arbeitsverhältnisses zum Gegenstand haben, ist ein derartiges Voraussetzung für ihre Geltendmachung. Folglich können Beteiligungsrechte aus diesem Zusammenhang allein vom Verleiherbetriebsrat wahrgenommen werden. Zur Konkretisierung wird auf die einschlägige Literatur verwiesen.[181]

5.3.8 Wirtschaftliche Angelegenheiten §§ 106 ff. BetrVG

In Unternehmen mit mehr als 100 ständig beschäftigten Arbeitnehmern ist nach § 106 BetrVG ein Wirtschaftsausschuss zu bilden. Der Wirtschaftsausschuss wiederum

---

[178] Vgl. Schüren/*Hamann,* § 14 Rn. 394, 395.

[179] Vgl. Schüren/*Hamann,* § 14 Rn. 336; Thüsing/*Thüsing,* § 14 Rn. 42.

[180] Vgl. Thüsing/*Thüsing,* § 14 Rn. 43.

[181] Vgl. APS/*Koch,* § 102 BetrVG, Rn. 61 ff..

berichtet dem Betriebsrat gem. § 108 Abs. 4 BetrVG. Daher wird dieser auch als Hilfsorgan[182] des Betriebsrates bezeichnet. Leiharbeitnehmer gehören schon aufgrund § 14 Abs. 1 AÜG unzweifelhaft zur Belegschaft des Verleiherbetriebes und sind bei dem Quantum der regelmäßig mehr als 100 Beschäftigten mitzuzählen. Der Abbau von Verleiharbeitsplätzen im Verleiherbetrieb kann folglich auch eine Betriebsänderung i.S.v. § 111 Satz 2 Ziff. 1, § 112 a BetrVG darstellen, da Leiharbeitnehmer hier wie schon bei § 106 BetrVG zu berücksichtigen sind. Dabei sind Leiharbeitnehmer entsprechend der Stammarbeitnehmer in einen Interessenausgleich oder einen Sozialplan bei dem Verleiher einzubeziehen.[183] Dabei ist zu beachten, dass ein Interessenausgleich vom Betriebsrat nur angestrebt, aber nicht erzwungen werden kann, ein Sozialplan hingegen schon. Die Regelungen der §§ 111 ff. BetrVG greifen ab einer Beschäftigtenzahl von 20 Arbeitnehmern im Unternehmen.

[182] Vgl. FESTL, § 106 Rn. 4.

[183] Vgl. Schüren/*Hamann,* § 14 Rn. 404.

6 Betriebsverfassung im Entleiherbetrieb

In § 14 Abs. 2 und 3 AÜG werden den Leiharbeitnehmern eine Reihe von Individualrechten eingeräumt, die sie während ihres Einsatzes im Entleiherbetrieb uneingeschränkt wahrnehmen können. Diese Aufzählung ist allerdings nicht abschließend.[184] Darüber hinaus stehen dem Betriebsrat im Entleiherbetrieb eine Reihe von Mitbestimmungsrechten zu, wie sie im Folgenden erörtert werden. Die Geltendmachung der betriebsverfassungsrechtlichen Individualrechte, ebenso wie die Mitbestimmungsrechte des Betriebsrates, setzt jeweils einen Zusammenhang mit dem konkreten Einsatz des Leiharbeitnehmers im Betrieb des Entleihers voraus. Aufgrund dieses Sachzusammenhangs besteht für die Beteiligung des Entleiherbetriebsrats eine entsprechende Sachnähe, die sich dadurch äußert, dass einige betriebsverfassungsrechtliche Befugnisse im Entleiherbetrieb geltend gemacht werden müssen. Diese Befugnisse werden im Folgenden erörtert. Die Einräumung der betriebsverfassungsrechtlichen Befugnisse schließt jedoch ihre Geltendmachung im Verleiherbetrieb nicht vollständig aus. Dies führt dazu, dass Leiharbeitnehmer ihre Betriebsverfassungsrechte teilweise in zwei Betrieben nebeneinander geltend machen können. Inwieweit es bei dieser etwaigen Doppelzuständigkeit der Betriebsräte zu Zuständigkeitskonflikten kommt, und wie diese gelöst werden können, wird in den jeweiligen Zwischenfazits zu den einzelnen Gruppen der Beteiligungsrechte aufgegriffen und erörtert.

6.1 Die Zuordnung des Leiharbeitnehmers zum Entleiherbetrieb

Betriebsverfassungsrechtlich sind Leiharbeitnehmer dem Verleiherbetrieb zugeordnet. Dennoch nimmt der Entleiherbetriebsrat eine Reihe von Beteiligungsrechten für sie wahr. Diese Rechte werden nachfolgend erörtert.

6.2 Betriebsverfassungsrechtliche Stellung der Leiharbeitnehmer im Entleiherbetrieb

6.2.1 Wahlberechtigung von Leiharbeitnehmern

Der wahlrechtliche Status von Leiharbeitnehmern zur Betriebsratswahl wird durch § 14 Abs. 2 Satz 1 AÜG i.V.m. § 7 Satz 2 BetrVG bestimmt. Demnach sind Leiharbeitnehmer nunmehr im Entleiherbetrieb aktiv wahlberechtigt.[185] Das passive Wahlrecht bleibt ihnen jedoch verwehrt.

---

[184] BT Ds. 9/847, S. 9.

[185] Nach einer Studie von Wassermann/Rudolph machten Leiharbeitnehmer bei den Betriebsratswahlen 2006 ca. 20 % der Wahlberechtigten aus, vgl. Arbeitspapier 148, Hans-Böckler-Stiftung 2007, S. 11.

6.2.1.1 Aktives und Passives Wahlrecht

Das aktive Wahlrecht für Leiharbeitnehmer ist in § 7 Satz 2 BetrVG niedergelegt. Es beinhaltet die Fähigkeit durch Ausübung des Wahlrechts die Zusammensetzung des wichtigsten Organs der Mitbestimmung mitzugestalten. Das passive Wahlrecht beinhaltet die Wählbarkeit in den Betriebrat, und richtet sich nach § 8 BetrVG. Da Leiharbeitnehmer keine Arbeitnehmer des Entleiherbetriebs sind, sind diese dort auch nicht i.S.d. § 8 BetrVG wählbar. Das passive Wahlrecht ist also weiterhin nur den Beschäftigten i.S.d. § 5 Abs. 1 BetrVG vorbehalten. Gewerbsmäßig überlassene Leiharbeitnehmer sind nach dem Betriebsverfassungsgesetz die einzige Gruppe von Arbeitnehmern, denen zwar ein aktives, aber kein passives Wahlrecht zugestanden wird.

6.2.1.2 Voraussetzungen der Wahlberechtigung

Das Wahlrecht steht grundsätzlich gem. § 7 Satz 1 BetrVG allen Arbeitnehmern zu, die zur Belegschaft des Betriebs gehören. Hierbei handelt es sich um den Arbeitnehmerbegriff des § 5 Abs. 1 BetrVG. Leiharbeitnehmer fallen wie bereits erläutert nicht unter diese Definition. Mit § 7 Satz 2 BetrVG dehnt das Gesetz jedoch das Wahlrecht auf die zur Arbeitsleistung überlassenen Arbeitnehmer eines anderen Arbeitgebers aus, soweit diese eine Einsatzdauer von drei Monaten überschreiten. Ihnen würde das Wahlrecht mangels Betriebszugehörigkeit zum Entleiherbetrieb anderenfalls nicht zustehen.

6.2.1.3 Erlangen/Reichweite der Wahlberechtigung

Leiharbeitnehmer sind folglich wahlberechtigt, wenn sie länger als drei Monate ununterbrochen im Entleiherbetrieb eingesetzt werden. Das Wahlrecht besteht dann vom ersten Einsatztag an.[186] Dies kann dazu führen, dass auch ein erst kurz vor der Wahl eingesetzter Leiharbeitnehmer die Wahlberechtigung erlangt.[187] Eine Legitimation für diese Vorgehensweise ist auch der Gesetzesbegründung zu entnehmen.[188] Außerdem ist dies dem Wortlaut des § 7 Satz 2 BetrVG abzulesen. Dem Gesetzeswortlaut nach heißt es *„eingesetzt werden"*. Somit wird auf eine Prognoseentscheidung zur Dauer des Einsatzes abgestellt. Diese Prognoseentscheidung kann i.d.R. am zugrunde liegenden Überlassungsvertrag festgemacht werden.[189] Ansonsten erscheint es auch möglich auf mündliche Vereinbarungen oder die bisherige Praxis im Betrieb zurückzugreifen. Eine dreimonatige Wartezeit ist dementsprechend weder durch die Gesetzesbegründung, noch durch den Wortlaut des § 7 Satz 2 BetrVG bezweckt. Die Berechnung der Dreimonatsfrist richtet sich nach den allgemeinen Bestimmungen der §§ 187 ff. BGB und beginnt als Ereignisfrist mit dem Tag

---

[186] Vgl. Schüren/*Hamann,* § 14 Rn. 48; Maschmann, DB 2001, 2447.

[187] Vgl. Boemke/Lembke, § 14 Rn. 67; Brors, NZA 2002, S. 123.

[188] BT-Ds. 14/5741, S. 36.

[189] Vgl. Thüsing/*Thüsing,* § 14 Rn. 10; Maschmann, DB 2001, 2447.

zu laufen, an dem der Leiharbeitnehmer laut Überlassungsvertrag seinen ersten Arbeitseinsatz im Einsatzunternehmen abzuleisten hat. Bei einer über mehrere Tage andauernden Betriebsratswahl reicht es i.d.R. aus, wenn der Leiharbeitnehmer an einem der Wahltage die Bedingungen des aktiven Wahlrechts erfüllt. Findet die Betriebsratswahl am letzten Arbeitstag im Betrieb des Entleihers statt, nachdem der Leiharbeitnehmer zuvor schon drei Monate dort eingesetzt wurde, so ist er auch hier aktiv wahlberechtigt,[190] obwohl er die Folgen seiner Wahl nicht mehr aktiv miterlebt. Ob der Leiharbeitnehmer am Wahltag zur Arbeitleistung verpflichtet ist oder nicht, z.B. aufgrund von Urlaub, Krankheit oder sonstigen Gründen an der Erbringung der Arbeitsleistung verhindert ist, ist für die aktive Wahlberechtigung unerheblich. Dies gilt soweit dem Leiharbeitnehmer zu diesem Zeitpunkt ein Arbeitsbereich im Entleiherbetrieb zugewiesen ist. Um die Verweildauer eines Leiharbeitnehmers hinreichend präzise zu bestimmen, steht dem Wahlvorstand ggf. ein Auskunftsanspruch gem. § 2 Abs. 2 WO gegenüber dem Beschäftigungsarbeitgeber zu. Dieser umfasst alle Tatsachen, die für die Beurteilung der Verweildauer maßgeblich sind. Daher hat der Beschäftigungsarbeitgeber ggf. die erforderlichen Unterlagen zur Verfügung zu stellen.[191]

6.2.1.4 Wirkung von Unterbrechungen

Wird ein Leiharbeitnehmer unvorhergesehen aus dem Einsatzbetrieb abgezogen, und an ein anderes Unternehmen zur Arbeitsleistung überlassen, so beginnt die Frist in § 7 Satz 2 BetrVG von neuem. Kurzzeitige Unterbrechungen des Einsatzes schaden entsprechend des Grundsatzes des Sachzusammenhanges nach §§ 622 Abs. 2 BGB, 1 Abs. 1 KSchG und § 4 BUrlG jedoch nicht, solange dieser auch tatsächlich besteht. Je länger aber eine Unterbrechung dauert, desto gewichtiger muss der Sachzusammenhang sein. Des Weiteren darf die Beendigung des Arbeitseinsatzes nicht vom Leiharbeitnehmer zu vertreten sein und der Einsatz muss im selben Betrieb wie der vorherige erfolgen. Wird ein über mehr als drei Monate beschäftigter Leiharbeitnehmer unvorhergesehen ausgetauscht, kann sein Nachfolger das aktive Wahlrecht dementsprechend nicht geltend machen, da es sich hierbei um ein personengebundenes Recht handelt. Eine Anrechnung der Verweildauer eines Vorgängers kommt nicht in Betracht.[192] Ebenso kommt eine Anrechnung vorhergehender kürzerer Einsätze desselben Leiharbeitnehmers nicht in Betracht.[193] Im Falle einer vorübergehenden Erkrankung,[194] und eines damit verbundenen Austausches des Leiharbeitnehmers, behält der Erkrankte sein aktives Wahlrecht und kann dies durch Briefwahl ausüben.

---

[190] Vgl. Boemke/Lembke, § 14 Rn. 65 - 67.

[191] BT-Ds. 14/5741, S. 28.

[192] Vgl. FESTL, § 7 Rn. 61, 65.

[193] Vgl. Schüren/*Hamann*, § 14 Rn. 54; Maschmann, DB 2001, S. 2447.

[194] Vgl. Maschmann, DB 2001, S. 2447.

6.2.1.5 Wahlalter

Spätestens am Wahltag muss der Wahlberechtigte das 18. Lebensjahr vollendet haben. Dies ergibt sich aus dem unmittelbaren Wortlaut des § 7 Satz 1 BetrVG. Noch nicht Volljährige nehmen an der Wahl der Jugend- und Auszubildendenvertretung (JAV) nach §§ 60 ff. BetrVG teil. Sollte sich die Wahl über einen Zeitraum von mehreren Tagen erstrecken, so genügt es auch hier, wenn der Wahlberechtigte am letzten möglichen Tag der Stimmabgabe das 18. Lebensjahr vollendet und somit die Voraussetzungen erfüllt.[195]

6.2.1.6 Formelle Voraussetzungen

Eine formelle Voraussetzung zur Ausübung des Wahlrechts ist die Eintragung in die Wählerliste gem. § 2 Abs. 1 WO.[196] Hinsichtlich der Staatsangehörigkeit der Wahlberechtigten ist aus dem Gesetz keine Einschränkung ersichtlich. Daraus folgt, dass auch ausländische oder staatenlose Arbeitnehmer wahlberechtigt sind, soweit die bereits erörterten Bedingungen erfüllt sind.

6.2.1.7 Auswirkungen der Wahlberechtigung

Durch die aktive Wahlberechtigung stehen dem Leiharbeitnehmer alle betriebsverfassungsrechtlichen Rechte insoweit zu, wie sie von Wahlberechtigten geltend gemacht werden können. D.h. die Vorschriften des Betriebsverfassungsgesetzes, welche die Wahl selbst betreffen bzw. mit der Wahl in engem Zusammenhang stehen, sind anwendbar. Dazu gehören u.a. die folgenden betriebsverfassungsrechtlichen Handlungsmöglichkeiten: Das Recht auf Unterzeichnung von Wahlvorschlägen nach § 14 Abs. 3 und 4 BetrVG,[197] zur Bestellung in den Wahlvorstand § 16 Abs. 1 und 2 Satz 1 BetrVG, § 1, 2, 4 Abs. 3 WO, den Antrag nach § 19 Abs. 2 Satz 2 BetrVG zur Wahlanfechtung zu stellen ebenso wie das Recht auf Antrag zum Ausschluss eines Betriebsratsmitglied oder der Auflösung des Betriebsrats.[198] Da es während des Einsatzes von Leiharbeitnehmern zu kurzfristigen oder unvorhergesehenen Änderungen kommen kann, ist es möglich, dass Leiharbeitnehmer gewählt haben, ohne wahlberechtigt zu sein. Ebenso ist der umgekehrte Fall denkbar, dass Leiharbeitnehmer mangels Aufnahme in die Wählerliste nicht wählen konnten, obwohl ihnen ein entsprechendes Wahlrecht zugestanden hätte. Derart gelagerte Fälle dürfen im Sinne der Rechtssicherheit und der Beständigkeit der bereits erfolgten Betriebsratswahl jedoch grundsätzlich ohne Einfluss auf die Wirksamkeit bleiben.[199]

---

[195] Vgl. FESTL, § 7 Rn. 85.

[196] Vgl. Schüren/*Hamann,* § 14 Rn. 51.

[197] Vgl. Maschmann, DB 2001, S. 2448; Löwisch, BB 2001, S. 1737.

[198] Vgl. Siebert/*Becker,* § 7 Rn. 3.

[199] Vgl. Schüren/*Hamann,* § 14 Rn. 55; Maschmann, DB 2001, S. 2447.

6.2.1.8 Streitigkeiten

Bezüglich Streitigkeiten im Zusammenhang mit der Betriebsratswahl liegt die Entscheidung über eine etwaige Wahlberechtigung von Leiharbeitnehmern zunächst gem. §§ 2, 4 Abs. 2 WO bei dem Wahlvorstand. Die Entscheidung des Wahlvorstandes kann im arbeitsgerichtlichen Beschlussverfahren gem. §§ 2 a, 80 ff. ArbGG überprüft werden. Kommt es außerhalb des Wahlverfahrens zu Streitigkeiten über die Rechtsstellung eines Arbeitnehmers, kann ebenfalls im arbeitsgerichtlichen Beschlussverfahren eine Überprüfung erfolgen. Außerdem kann die Frage der Wahlberechtigung unter Umständen im Anfechtungsverfahren als Vorfrage zu entscheiden sein.

6.2.1.9 Zusammenfassung zur Wahlberechtigung

Bei der Zuerkennung des Wahlrechts wird auf eine voraussichtliche Einsatzdauer von 3 Monaten abgestellt. Folglich sind Leiharbeitnehmer ab dem ersten Einsatztag Wahlberechtigt und können so über die Zusammensetzung des Betriebsrats im Einsatzbetrieb mitbestimmen. Die Einführung des aktiven Wahlrechts im Entleiherbetrieb hat den persönlichen Geltungsbereich des BetrVG nicht erweitert. Es gewährt dem Leiharbeitnehmer keine weiteren Rechte, als die Möglichkeit die Zusammensetzung des Betriebsrats des Einsatzbetriebes mitzubestimmen. Nach Zuerkennung des aktiven Wahlrechts ist der Betriebsrat des Entleiherbetriebes nunmehr durch den Wahlakt legitimiert die Interessen der Leiharbeitnehmer partiell wahrzunehmen. Durch die kurzfristige Mindesteinsatzzeit ist es möglich, dass ein Leiharbeitnehmer, der den Betriebsrat gewählt hat, den Betrieb schon wieder verlassen hat, bevor er repräsentiert werden kann. Findet im Einsatzbetrieb zufälligerweise zu seiner Einsatzzeit die Betriebsratswahl statt, darf der Leiharbeitnehmer folglich mitwählen, ohne von den Folgen profitieren zu können. Von der Gewährung des Wahlrechts nach kurzen Einsatzdauer abgesehen, ist besonders fraglich, in wie fern eine Repräsentation im Betriebsrat des Entleiherbetriebs überhaupt stattfinden kann, solange Leiharbeitnehmern das passive Wahlrecht verwehrt bleibt. Aufgrund der kurzen Einsatzzeit und den damit verbundenen Unsicherheiten hat der Ausschluss jedoch durchaus seine Berechtigung. Würden Leiharbeitnehmer in den Betriebsrat gewählt, so müsste sichergestellt werden, dass diese auch für die Dauer der vierjährigen Amtsperiode dem Betrieb zur Verfügung stehen. Dies ist jedoch in einer Branche, die für den kurzfristigen und überbrückenden Einsatz gedacht wurde, nicht gewährleistet, dies gilt auf nach dem Wegfall der Höchstüberlassungsdauer. Es muss jedoch sichergestellt werden, dass sich die Zusammensetzung des Betriebsrates nicht kurzfristig durch die Beendigung der Überlassung ändert. Denn das Interesse der Wählenden ist es, den einmal gewählten Betriebsrat auch über die Fortdauer von vier Jahren zu erhalten. Ob die Neufassung von § 7 Satz 2 BetrVG tatsächlich zu einer Einbeziehung der Leiharbeitnehmer in die betriebsverfassungsrechtliche Mitbestimmung führen kann ist ohnehin fraglich. Die Leiharbeitnehmer haben zwar durch ihr aktives Wahlrecht die Möglichkeit die Zusammensetzung der Betriebsräte mitzubestimmen, allerdings ist ungewiss, ob die ausschließlich wählbaren Mitglieder der Stammbelegschaft die Interessen der Leiharbeitnehmer auch tatsächlich effektiv mit vertreten werden. Hier besteht ein Interessengegensatz, der sich aus der Natur der Arbeitnehmerüberlassung ergibt. Die

Stammbelegschaft hat Befürchtungen, dass sie substituiert werden könnte. Somit werden Leiharbeitnehmer vom Stammpersonal mitunter als direkte Konkurrenz in einer unmittelbaren und permanenten Wettbewerbssituation angesehen. Der zuständige Betriebsrat steht folgerichtig in einem Dilemma, denn er befindet sich bezüglich der sachgerechten Vertretung in einem Vereinbarkeitsproblem. Es stehen sich die kurzfristigen orientierten Interessen der Leiharbeitnehmer und die langfristig ausgerichteten Interessen der Stammarbeitnehmer gegenüber. Zu einer Lösung des Problems kann es nur durch eine bessere Integration der Leiharbeitnehmer in den Betrieb des Entleihers kommen. Dies ließe sich beispielsweise durch eine Einführung von Leiharbeitnehmerausschüssen, einer speziellen Sprechstunde oder Informationsveranstaltungen für Leiharbeitnehmer einrichten. Die spezifischen Interessen der Leiharbeitnehmer müssen im Betriebsrat durch Arbeitnehmer mit vertreten werden, die eben keine Leiharbeitnehmer sondern Stammpersonal sind. Dies beherbergt enormes Konfliktpotential. Voraussetzung einer effektiven Repräsentation bestimmter Interessengruppen ist es nämlich gerade, dass diese einen eigenen Vertreter in das Vertretungsgremium entsenden können. Dies ist jedoch bei den Leiharbeitnehmern nicht der Fall. Die Leiharbeitnehmer haben als Minderheit, auf Grund des versagten passiven Wahlrechts, eben keine Chance einen eigenen Vertreter zu bestellen. So erscheint es als höchst unwahrscheinlich, dass sie ihre Interessen im Konfliktfall auch durchsetzen können. Betrachtet man den Umstand, dass die Wiederwahl der Vertreter in das Vertretungsgremium der Belegschaft von der Mehrheit der Arbeitnehmer abhängt, so ist es nahe liegend, dass die Mehrheitsvertreter um eben diese Gunst der Mehrheit nicht zu verlieren, die Interessen von Minderheiten im Konfliktfall zurückstellen. Es wird daher gefordert, dass es nicht nur bei dem formalen Wahlrecht der Leiharbeitnehmer bleiben darf, sondern der Betriebsrat muss sich aktiv um die Integration der Leiharbeitnehmer in den Betrieb des Entleihers bemühen, nur dann erscheint auf lange Sicht ein produktives Nebeneinander von Stamm- und Leiharbeitnehmern möglich.

6.2.2 Individualrechte § 14 Abs. 2 Satz 2 und 3 AÜG

Das AÜG enthält über die betriebsverfassungsrechtliche Stellung von Leiharbeitnehmern in § 14 Abs. 2 Satz 2 und 3 AÜG partielle Regelungen. Hier werden den Leiharbeitnehmern einige Rechte explizit gewährt. Diese Aufzählung ist jedoch nicht abschließend. Somit können über jene ausdrücklich genannten Bestimmungen hinaus weitere Vorschriften des BetrVG gelten. Ferner ist die Rechtsprechung durch den Gesetzgeber darauf hingewiesen worden, sowohl für den Leiharbeitnehmer, als auch für den Betriebsrat des Entleihunternehmens, betreffende betriebsverfassungsrechtliche Rechte zu bestimmen.[200] Im Folgenden werden zunächst die explizit genannten Individualrechte erörtert, bevor auf die Gewährung weiterer Rechte und ihrer Ausgestaltung unter dem Gliederungspunkt „Beteiligungsrechte des Betriebsrates“ weiter eingegangen wird.

[200] BT Ds. 9/847, S. 9.

6.2.2.1 Teilnahme an Sprechstunden und Betriebsversammlungen

Nach § 14 Abs. 2 Satz 2 AÜG können Leiharbeitnehmer an Sprechstunden der Arbeitnehmervertreter des Entleiherbetriebes (dies sind der Betriebsrat § 39 Abs. 1 BetrVG, die Jugend- und Auszubildendenvertretung § 69 BetrVG sowie die Schwerbehindertenvertretung) teilnehmen und sind dafür ggf. freizustellen, wenn der Besuch durch einen sachlichen Grund gerechtfertigt ist.[201] Dieser sachliche Grund muss im Betrieb des Entleihers liegen bzw. aus einem Umstand entstanden sein, der mit dem konkreten Einsatz beim Entleiher zusammenhängt.[202] In Betracht kommen hier z.B. Umstände im Zusammenhang mit der betrieblichen Ordnung im Entleiherbetrieb. War der Besuch erforderlich, so steht dem Leiharbeitnehmer wie dem Stammarbeitnehmer für diese Zeit neben dem Arbeitsbefreiungsanspruch ein ungekürztes Entgelt gem. § 39 Abs. 3 BetrVG zu. Hier nimmt der Leiharbeitnehmer im Betrieb des Entleihers ein betriebsverfassungsrechtliches Beteiligungsrecht wahr, welches Teil der Arbeitsleistung und somit der Sphäre und dem Risikobereich des Entleihers zuzuordnen ist.[203] Folglich ist der Entleiher verpflichtet auch für diese Zeiten das vertraglich vereinbarte Entgelt an den Verleiher zu entrichten. Die Kostentragungspflicht richtet sich hier grundsätzlich nach dem Überlassungsvertrag. Bestehen keine vertraglichen Vereinbarungen, so hat der Entleiher keine Möglichkeit das Entgelt an den Verleiher zu kürzen. Es ist folglich grundsätzlich auch für die Zeiten zu entrichten, in denen aufgrund der Wahrnehmung von betriebsverfassungsrechtlichen Befugnissen eine Freistellung erfolgt. Zur Teilnahme an Betriebsversammlungen nach §§ 42, 43 BetrVG sind Leiharbeitnehmer ebenfalls berechtigt. Hier sind Teil- bzw. Abteilungsversammlungen i.S.v. § 42 Abs. 2 BetrVG eingeschlossen. Die Vergütung ist entsprechend dem zuvor beschriebenen geregelt. Soweit es um die Teilnahme an Sprechstunden des Gesamt- oder Konzernbetriebsrates geht, gelten jedoch Beschränkungen. Der Gesamt- bzw. Konzernbetriebsrat ist grundsätzlich nicht durch das BetrVG berechtigt während der Arbeitszeit Sprechstunden einzurichten. Dabei sind jedoch freiwillige Vereinbarungen von Sprechzeiten möglich und dann auch gemäß der zuvor erwähnten Ausführungen zu vergüten.

6.2.2.2 Teilnahme an Jugendversammlungen

Auch Jugend- und Auszubildendenversammlungen für jugendliche Leiharbeitnehmer unter 25 Jahren sind nach § 71 BetrVG möglich. Diesbezüglich gilt zuvor erörtertes entsprechend. Dieses Recht dürfte jedoch kaum praktische Bedeutung entfalten, da die Arbeitnehmerüberlassung von Personen, die sich in einem Berufsausbildungsverhältnis befinden grundsätzlich nicht zulässig ist, denn es handelt sich hier eben nicht um einen anerkannten Ausbildungsberuf.[204] Außerdem sollen minderjährige Arbeitnehmer vor dem Hintergrund

---

[201] Vgl. FESTL, § 39 Rn. 22.

[202] Vgl. Boemke/Lembke, § 14 Rn. 70.

[203] Vgl. Ulber, § 14 Rn. 52; Schüren/*Hamann,* § 14 Rn. 86.

[204] Vgl. Verzeichnis der anerkannten Ausbildungsberufe nach §§ 34 ff. BBiG.

des JArbSchG nur ausnahmsweise als Leiharbeitnehmer beschäftigt werden.[205] Vor dem Hintergrund des BBiG dürfen Auszubildenden nur Verrichtungen übertragen werden, die dem Ausbildungszweck dienen. Damit ist die pauschale Übertragung von Arbeitsleistungen nach den Weisungen eines Entleihers mit dem Wesen und Zweck eines Ausbildungsverhältnisses nicht vereinbar.[206]

6.2.2.3 Unterrichtungs- und Erörterungsrecht § 81 BetrVG

Aus § 14 Abs. 2 Satz 3 i.V.m. § 81 BetrVG besteht für den Entleiher eine Verpflichtung den Leiharbeitnehmer über dessen Aufgabe und Verantwortung, sowie über die Art seiner Tätigkeit und ihre Einordnung in den Arbeitsablauf des Betriebes zu unterrichten, und ihn ggf. anzuhören. Damit ist folglich die Erörterung der individuellen Arbeitsbedingungen gemeint.[207] Die Norm enthält neben dem Anspruch des Arbeitnehmers auch eine Obliegenheit des Arbeitgebers zur Belehrung nach § 81 Abs. 1 Satz 2 BetrVG über Unfall- und Gesundheitsgefahren.[208] Entsprechendes gilt bei Veränderungen im Tätigkeitsbereich des Leiharbeitnehmers gem. § 81 Abs. 2 BetrVG. Darüber hinaus gelten hinsichtlich der Belehrung über Sicherheits- und Gesundheitsvorschriften § 12 ArbSchG und § 11 Abs. 6 Satz 2 und 3 AÜG entsprechend. Dies folgt aus der dem Entleiher obliegenden allgemeinen Fürsorgepflicht und der Pflicht zur Einhaltung des Arbeitsschutzes. Alle Rechte aus § 14 Abs. 2 Satz 3 AÜG i.V.m. § 81 BetrVG sind dadurch begrenzt, dass ihre Geltendmachung in Bezug zum Entleiherbetrieb stehen muss, soweit diese ihm gegenüber tatsächlich geltend gemacht werden. Es ist demnach nicht möglich mit dem Verleiher Umstände, die den Entleiherbetrieb betreffen zu erörtern et vice versa. Umstritten in der Literatur ist jedoch die Geltung des § 81 Abs. 4 BetrVG, da die Verweisungsnorm bei Einführung des § 14 AÜG noch nicht galt. In seiner konkreten Anwendung würde § 81 Abs. 4 BetrVG den Entleiher verpflichten, bei der Einführung von neuen Technologien, den Leiharbeitnehmer zu unterrichten und mit diesem die Auswirkungen auf dessen Arbeitsplatz und eine Anpassung von Kenntnissen und Fähigkeiten zu erörtern. Die Vorschrift würde folglich immer dann auch für Leiharbeitnehmer greifen, soweit bestimmte Tätigkeiten beim Entleiher ein entsprechendes Unterrichtungs- und Erörterungsrecht für dessen Stammarbeitnehmer auslösen würden.[209] Gegner der Einbeziehung des § 81 Abs. 4 BetrVG begründen ihre Auffassung damit, dass dem Entleiher von Anfang an einen Überlassungsanspruch für Personal hat, das sich die wesentlichen Kenntnisse und Fähigkeiten bereits angeeignet hat. Ansonsten wäre der Entleiher verpflichtet bei fehlender Qualifikation des Leiharbeitneh-

---

[205] Vgl. Boemke/Lembke, § 14 Rn. 75.

[206] Vgl. Thüsing/*Thüsing,* § 14 Rn. 78; Schüren/*Hamann,* § 1 Rn. 37.

[207] Vgl. Thüsing/*Thüsing,* § 14 Rn. 80.

[208] Vgl. Ulber, § 14 Rn. 57.

[209] Vgl. Ulber, § 14 Rn. 58 a.

mers seine berufliche Weiterentwicklung zu erörtern und ggf. für Abhilfe zu sorgen. Dabei kann es nicht im Interesse des Entleihers liegen für Qualifikationsmaßnahmen eines nur kurzfristig im Betrieb beschäftigten Leiharbeitnehmers Sorge zu tragen.

6.2.2.4 Anhörungsrecht § 82 Abs. 1 BetrVG

Die Vorschrift statuiert das Recht des Leiharbeitnehmers hinsichtlich aller betrieblichen Angelegenheiten, die seine Person betreffen, gehört zu werden. In erster Linie sind hier Gespräche über Arbeitsablauf und Arbeitsplatzgestaltung gemeint, zu denen der Leiharbeitnehmer auch Vorschläge unterbreiten kann. Auch hier besteht die innere Begrenzung, dass ein Zusammenhang zum Entleiherbetrieb bestehen muss.[210] Da der Verleiher alleiniger Schuldner des Arbeitsentgeltes ist, kann § 82 Abs. 2, Hs. 1 BetrVG insofern gegenüber dem Entleiher keine Anwendung finden. Grundsätzlich ist der Verleiher Ansprechpartner, da der Leiharbeitnehmer nur gegen ihn einen Anspruch auf Entgeltzahlung hat. Dort wo der Grundsatz des Equal pay angewandt wird, gilt dies nicht. Hier ist der Verleiher an die im Entleiherbetrieb vorgegebene Zusammensetzung des Arbeitsentgeltes gebunden und vollzieht sie nicht selbständig. In diesem Fall hat der Leiharbeitnehmer einen eigenständigen Auskunftsanspruch aus § 13 AÜG. Der Entleiher ist folglich ebenfalls zur Erörterung der Berechnung und der Zusammensetzung des Arbeitsentgelts verpflichtet. Ein Rückgriff auf die Bestimmung § 82 Abs. 2, Hs. 1 BetrVG ist aufgrund des eigenständigen Anspruchs folglich nicht nötig.[211] § 82 Abs. 2, Hs. 2 BetrVG BetrVG beinhaltet einen Anspruch auf Erörterung einer Beurteilung der Leistungen des Leiharbeitnehmers. Die Geltendmachung hängt aber davon ab, ob und von wem eine derartige Beurteilung erstellt wurde. Sieht der Arbeitnehmerüberlassungsvertrag die Mitteilung von Tatsachen über Leistung und Verhalten des Leiharbeitnehmers durch den Entleiher während der Dauer der Überlassung an den Verleiher vor, so besteht auch ein Erörterungsanspruch nach § 82 Abs. 2, 2 BetrVG gegenüber dem Entleiher. Etwaige Beurteilungen sind nicht an arbeitsvertragliche Beziehungen gekoppelt, sondern hängen von der tatsächlichen Eingliederung in den Betrieb des Entleihers und der Einsatzdauer ab.[212] Nach Wegfall der Höchstüberlassungsdauer kann auch § 82 Abs. 2, Hs. 3 BetrVG Bedeutung für die Leiharbeitnehmer erlangen, denn dort ist ein Erörterungsanspruch über die berufliche Entwicklung (z.B. Versetzung, Übertragung von Führungsaufgaben) im Einsatzbetrieb niedergelegt. Des Weiteren wird hier auch das Vorschlagsrecht bezüglich der Gestaltung des Arbeitsplatzes und der Arbeitsabläufe erfasst. Dieser ist nicht nur auf vergütungspflichtige Ansprüche nach dem Arbeitnehmererfindungsgesetz oder Angelegenheiten des betrieblichen Vorschlagswesens beschränkt. Es

---

[210] Vgl. Boemke/Lembke, § 14 Rn. 78.

[211] Vgl. Schüren/*Hamann,* § 14 Rn. 93.

[212] Vgl. Boemke/Lembke, § 14 Rn. 79.

betrifft alle Angelegenheiten, die dazu geeignet sind, die Arbeitsbedingungen im Entleiherbetrieb zu humanisieren oder Produktions- bzw. Arbeitsabläufe zu optimieren.[213]

6.2.2.5 Mitwirkungs- und Beschwerderecht §§ 84 – 86 BetrVG

Das Beschwerderecht steht dem Leiharbeitnehmer ggf. im Ver- sowie im Entleiherbetrieb bei der entsprechenden Stelle zu, soweit es sich bei dem Beschwerdegegenstand um konkrete Arbeitsbedingungen handelt, die ihre Ursache im Entleiherbetrieb haben. Der Kreis der beschwerdefähigen Angelegenheiten ist sehr weit reichend. Es muss lediglich die individuelle Stellung als Arbeitnehmer betroffen sein. In solchen Fällen bleibt es die Entscheidung des Leiharbeitnehmers ob er sich an den Betriebsrat des Ver- oder Entleiherbetriebes wendet.[214] Wendet sich der Leiharbeitnehmer zur Abhilfe an den Betriebsrat des Verleihers, so ist jedoch ausgeschlossen, dass sich dieser an den des Entleihers wendet, denn die Befugnisse des Betriebsrates beschränken sich auf den Betrieb, für den er gewählt wurde.[215] Der Verleiherbetriebsrat kann sich jedoch an den Verleiher und dieser sich an den Entleiher wenden, um auf Abhilfe zu drängen.[216] Die umgekehrte Möglichkeit, dass der Leiharbeitnehmer sich wegen Beschwerden, die im Verleiherbetrieb begründet sind, an den Entleiherbetriebsrat wendet ist wiederum ausgeschlossen, weil dieser nicht die zuständige Stelle im Sinne des § 84 Abs. 1 Satz 1 BetrVG sein kann und sich seine Befugnisse auf den Entleiherbetrieb beschränken.[217] Der Verleiherbetriebsrat ist grundsätzlich für Beschwerden zuständig, durch die das arbeitsvertragliche Grundverhältnis berührt wird. Seine Fürsorgepflicht gegenüber dem Leiharbeitnehmer leitet sich umfassend aus dem Arbeitsvertrag ab. Der Verleiher ist aufgrund seiner Fürsorgepflicht daran gehalten einer etwaigen Beschwerde nachzugehen und Auskünfte einzuholen, ob diese berechtigt ist. Im Rahmen der gewonnenen Erkenntnisse hat er anschließend beim Entleiher auf Abhilfe zu drängen, und dem Leiharbeitnehmer das Ergebnis seiner Bemühungen mitzuteilen.[218] Das Recht auf Hinzuziehung eines Betriebsratsmitgliedes gem. § 84 Abs. 1 Satz 2 BetrVG ist insoweit beschränkt, dass es ein Mitglied desjenigen Betriebsrates sein muss, in dessen Betrieb die Ursache der Beschwerde liegt. Somit kann der Leiharbeitnehmer nur ein Mitglied des Entleiherbetriebsrates hinzuziehen, soweit es sich um Angelegenheiten mit Ursache im Entleiherbetrieb handelt et vice versa. Das gesetzliche Verfahren nach § 85 Abs. 2 und 3 BetrVG ist hier einschlägig, egal ob die Beschwerdestelle des Ver- oder Entleiherbetriebs angerufen wird. Existieren tarifliche oder betriebliche Regelungen, so

---

[213] Vgl. Ulber, § 14 Rn. 59.

[214] Vgl. Schüren/*Hamann,* § 14 Rn. 99; a.A. Thüsing/*Thüsing,* § 14 Rn. 92.

[215] Vgl. Stückmann, DB 1999, S. 1904.

[216] Vgl. Schüren/*Hamann,* § 14 Rn. 102.

[217] Vgl. Stückmann, DB 1999, S. 1904.

[218] Vgl. Schüren/*Hamann,* § 14 Rn. 102, 104.

sind diese auch auf das Verfahren betreffend Leiharbeitnehmer anzuwenden, obwohl diese sonst nur für die dem Betrieb angehörigen Arbeitnehmer gelten.[219] Dabei ist zu beachten, dass ein Tarifvertrag vorrangig das Beschwerdeverfahren regelt, soweit er Gültigkeit entfaltet. Dies ergibt sich aus der Unabdingbarkeitswirkung gem. § 4 Abs. 1 Satz 2 TVG, und soweit der Entleiherbetrieb tarifgebunden ist gem. § 3 Abs. 2 TVG.[220] Bestehen Meinungsverschiedenheiten zwischen dem Betriebsrat und dem Arbeitgeber bezüglich der Berechtigung einer Beschwerde, kann die Einigungsstelle durch den Betriebsrat angerufen werden. Ihr Spruch ersetzt die Einigung gem. § 85 Abs. 2 BetrVG. Dem Leiharbeitnehmer darf ebenso wenig wie einem Stammarbeitnehmer aus der Erhebung einer Beschwerde eine Schlechterstellung widerfahren. Dies statuiert § 17 Abs. 2 Satz 1 und 2 ArbSchG. Entsprechendes gilt auch, sollte der Entleiher der Beschwerde nicht abhelfen und sich der Leiharbeitnehmer an die zuständige Aufsichtsbehörde wenden. Durch diese Vorschrift wird das in § 612 a BGB enthaltene Benachteiligungsverbot bei zulässiger Ausübung von Rechten konkretisiert. Für den Entleiher hat dieses Verbot weitere Auswirkungen, denn es ist ihm untersagt eine etwaige Beschwerde dem Verleiher anzuzeigen, solange diese keine Leistungspflichten aus dem Arbeitnehmerüberlassungsvertrag betrifft.[221] Bei Verstoß gegen jenes Verbot macht sich der Entleiher gegenüber dem Leiharbeitnehmer gem. § 823 Abs. 2 BGB und aus §§ 280, 241 Abs. 2, 311 Abs. 3 BGB wegen positiver Forderungsverletzung schadensersatzpflichtig.[222]

6.2.2.6 Zusammenfassung zu den Individualrechten

§14 Abs. 2 AÜG erfasst in seiner Aufzählung in den Sätzen 2 und 3 jene Individualrechte, welche im Entleiherbetrieb sinnvoll wahrgenommen werden können. Die Wahrnehmung der Rechte soll letztendlich so erfolgen, als ob der Leiharbeitnehmer ein Angehöriger des Betriebes des Entleihers wäre. Diese These wird beispielsweise dadurch untermauert, dass die Aufzählungen in § 14 Abs. 2 und 3 AÜG nicht abschließend sind und der Entleiher die Kosten für die Wahrnehmung der betriebsverfassungsrechtlichen Rechte der Leiharbeitnehmer zu tragen hat, soweit sie in der Sphäre seines Betriebes liegen. Den Leiharbeitnehmern ist es auch während eines Einsatzes im Entleiherbetrieb möglich, unter Fortzahlung der Vergütung, an Sprechstunden und Betriebsverhandlungen des Ver- und Entleiherbetriebs teilzunehmen. Dazu müssen jedoch die Angelegenheiten des jeweiligen Betriebs berührt sein. Auch soweit ein Leiharbeitnehmer bei seinem Vertragsarbeitgeber ein betriebsverfassungsrechtliches Amt übernommen hat, ist er zur Wahrnehmung dieser Interessen freizustellen. Die Unterrichtungs- und Erörterungsrechte aus § 81 BetrVG, bezüglich der Art der Tätigkeit im Entleiherbetrieb sowie die damit verbundene Einordnung in den

---

[219] BAG vom 15.12.1992, AP Nr. 7 zu § 14 AÜG, NZA 1993, S. 513 ff..

[220] Vgl. FESTL, § 86 BetrVG, Rn. 1.

[221] Vgl. Ulber, § 14 Rn. 61.

[222] Vgl. FESTL, § 84 Rn. 21a.

Arbeitsablauf, bestehen grundsätzlich gegenüber dem Vertragsarbeitgeber. Für die Arbeitssicherheit hat der Verleiher durch regelmäßige Betriebs- und Arbeitsplatzbegehungen Sorge zu tragen. Daneben sind dem Entleiher die allgemeinen Fürsorge- und Arbeitsschutzpflichten auferlegt. Da nur der Verleiher Schuldner der Arbeitsvergütung ist, besteht ein Erläuterungsanspruch aus § 82 BetrVG gegenüber dem Verleiher. Bei der Anwendung des Equal Pay Grundsatzes hat der Leiharbeitnehmer auch einen eigenständigen Auskunftsanspruch gegenüber dem Entleiher. Das Beschwerderecht aus § 84 ff. BetrVG nimmt eine besondere Stellung ein. Es besteht bei dem Verleiher auch hinsichtlich Beeinträchtigungen, die ihren Ursprung im Entleiherbetrieb haben. Hier ist es der persönlichen Einschätzung des Leiharbeitnehmers überlassen, an welchen Betriebsrat er sich wendet. Dabei überschneiden sich auch nicht die Befugnisse der Betriebsräte, da es im Ermessen des Leiharbeitnehmers liegt, an welchen Betriebsrat er aufsucht. In Bezug auf die Individualrechte der Leiharbeitnehmer sind folglich keine Zuständigkeitskonflikte oder eine Verdoppelung der Individualrechte festzustellen.

6.3 Beteiligungsrechte des Entleiherbetriebsrates

6.3.1 Notwendigkeit der Mitbestimmung

Wie die bisherigen Ausführungen gezeigt haben, gehören Leiharbeitnehmer während ihrer Tätigkeit im Entleiherbetrieb weiterhin dem Verleiherbetrieb an. Da sie jedoch im Einsatzbetrieb eingegliedert sind und aufgrund der gespaltenen Arbeitgeberstellung dem dortigen Weisungsrecht unterliegen, kann der Verleiherbetriebsrat einen Teil seiner betriebsverfassungsrechtlichen Aufgaben nicht wahrnehmen. Soweit die Mitbestimmungsrechte nicht an das vertragliche Band zwischen Verleiher und Leiharbeitnehmer anknüpfen, würden diese ins Leere laufen und seine Rechte verkürzt werden. Das BAG hat insofern eine Repräsentation durch den Entleiherbetriebsrat bejaht, soweit der Entleiher die mitbestimmungspflichtige Entscheidung trifft.[223]

6.3.2 Berücksichtigung der Leiharbeitnehmer § 75 BetrVG

In § 75 BetrVG werden Grundsätze aufgestellt, die für *„alle im Betrieb tätigen Personen"* Geltung entfalten. Hier wird eine Schutzpflicht von Arbeitgeber und Betriebsrat zu Gunsten der Beschäftigten konkretisiert. Sie werden zur Zusammenarbeit zum Wohle der Arbeitnehmer verpflichtet. Nach dem weit gefassten Wortlaut des § 75 Abs. 1 BetrVG müssen hier auch Leiharbeitnehmer eingeschlossen sein, denn diese sind in die Betriebsorganisation des Entleihers eingegliedert und zählen somit zu den sog. im Betrieb tätigen Personen. Folglich erfasst die Schutzpflicht Leih- und Stammarbeitnehmer gleichermaßen. Darüber hinaus kann ein Schutz vor Diskriminierung nicht an das Vorhandensein eines Arbeitsvertrages gekoppelt sein, sondern nur an eine tatsächliche Eingliederung und ein damit ver-

[223] BAG vom 19.6.2001, NZA 2001, S. 1263 ff. = DB 2001, S. 2301 ff. = BB 2001, S. 2582 ff..

bundenes Tätigwerden im Betrieb des Entleihers.[224] Des Weiteren sind alle im Betrieb tätigen Personen nach dem Grundsatz von Recht und Billigkeit zu behandeln. Dabei ist speziell der arbeitsrechtliche Gleichbehandlungsgrundsatz einzuhalten und jede Benachteiligung i.S.d. AGG aus Gründen des § 1 AGG zu unterlassen. Der Entleiher ist i.S.d. § 6 Abs. 2 AGG als Arbeitgeber anzusehen,[225] obwohl man diese betriebsverfassungsrechtlich nicht dem Entleiher zuordnet. In der Folge hat der Entleiherbetriebsrat darauf zu achten, dass Leiharbeitnehmer nicht aufgrund ihrer Stellung als Leiharbeitnehmer im Betrieb des Entleihers, d.h. ohne einen Rechtfertigungsgrund i.S.d. §§ 8 - 10 AGG benachteiligt werden.[226] Dies könnte z.B. durch die vergleichsweise übermäßige Heranziehung zu Überstunden oder Sonntagsarbeit geschehen. Sachliche Unterschiede können sich jedoch aus der Tatsache ergeben, dass Leiharbeitnehmer und Stammpersonal im Enteleiherbetrieb andere Interessen verfolgen. Wobei bei der klassischen Leiharbeit eher kurzfristige Interessen und beim Stammpersonal eher langfristig ausgelegte Interessen im Vordergrund stehen dürften.

6.3.3 Allgemeine Rechte und Aufgaben § 80 Ziff. 1 - 9 BetrVG

§ 80 Abs. 1 BetrVG ergänzt die betriebliche Mitbestimmung im Entleiherbetrieb um die dort aufgelisteten konkreten Aufgaben und Rechte, soweit diese an die Tätigkeit des Leiharbeitnehmers im Entleiherbetrieb anknüpfen. Dies findet seine Bestätigung in § 80 Abs. 2 Satz 1, Hs. 2 BetrVG, denn hier wird darauf hingewiesen, dass sich die Unterrichtung durch den Arbeitgeber an den Betriebsrat auch auf die Beschäftigung von Arbeitnehmern erstreckt, welche nicht in einem Arbeitsverhältnis zu diesem stehen. Bei dieser Gruppe Beschäftigter handelt es sich typischerweise auch um Leiharbeitnehmer.[227] Für den Bereich der Arbeitnehmerüberlassung sind insbesondere die § 80 Abs. 1 Ziff. 1 – 3 und 7 BetrVG von Bedeutung.

6.3.3.1 Durchführung von Arbeitnehmerschutzvorschriften

Insbesondere kommen hier Überwachungsrechte nach § 80 Abs. 1 Ziff. 1 BetrVG in Betracht. Danach hat der Entleiherbetriebsrat darüber zu wachen, dass die einschlägigen Schutzvorschriften eingehalten werden. Dazu gehören neben den Vorschriften des AÜG, insb. § 1 Abs. 1 Satz 1 AÜG i.V.m. §§ 3, 11 Abs. 5 – 7, 12 Abs. 1 Satz 1 AÜG, auch die im Betrieb geltenden Tarifverträge oder Betriebsvereinbarungen, wobei diese für Leiharbeitnehmer wie für Stammarbeitnehmer gelten.[228] Sind im Entleiherbetrieb Betriebsvereinbarungen vorhanden, die den Einsatz von Leiharbeitnehmern zu bestimmten Bedingungen

---

[224] Vgl. Thüsing, § 14 Rn. 102,

[225] Vgl. Däubler u.a., Arbeitsrecht, § 6 Rn. 29 ; Adomeit/Mohr, KommAGG, § 6 Rn. 14.

[226] BT-Ds. 16/1780, S. 56.

[227] Vgl. Schüren/*Hamann,* § 14 Rn. 215.

[228] Vgl. Schüren/*Hamann,* § 14 Rn. 217; Thüsing/*Thüsing,* § 14 Rn. 104.

regeln bzw. begrenzen, hat der Entleiherbetriebsrat auch deren Einhaltung zu überwachen.[229]

6.3.3.2 Maßnahmen, die Betrieb und Belegschaft dienen

Nach § 80 Abs. 1 Ziff. 2 BetrVG ist der Entleiherbetriebsrat befugt Maßnahmen zu beantragen, welche die Leiharbeitnehmer im Betrieb fördern. Hier kommen z.B. Maßnahmen für eine bessere Integration der Leiharbeitnehmer in Betracht, beispielsweise in Form von Teilnahmen an Sicherheits- oder Qualifizierungsmaßnahmen, Einbeziehung in soziale Einrichtungen und betriebliche Veranstaltungen wie Betriebsfeste oder Betriebsausflüge. Diese sind gleichermaßen den Leiharbeitnehmern und der Stammbelegschaft dienlich, da sie u.U. einen geordneten und störungsarmen Betriebsablauf unterstützen können.[230]

6.3.3.3 Förderung von Gleichberechtigung, Ehe und Familie

Die Förderung und Durchsetzung einer tatsächlichen Gleichstellung von Mann und Frau sowie die Vereinbarkeit von Familie und Beruf knüpft nicht an den Arbeitsvertrag mit dem Verleiher an und ist daher vom Entleiherbetriebsrat auch in Bezug auf Leiharbeitnehmer anzuwenden. Als Beispiele können hier die familienfreundliche Gestaltung von Arbeitszeiten oder die Möglichkeit der betrieblichen Kinderbetreuung genannt werden, die Leih- und Stammmitarbeitern gleichermaßen eröffnet werden müssen.[231] Soweit in einem Betrieb spezielle Frauenförderpläne bestehen, sind diese bei der Einstellung und bei der Beschäftigung von Leiharbeitnehmern zu beachten.[232]

6.3.3.4 Entgegennahme und Behandlung von Anregungen

Unter Anregungen i.s.d. § 80 Abs. 1 Ziff. 3 BetrVG sind Vorschläge und Beschwerden mit betriebsorganisatorischem Hintergrund zu verstehen.[233] Da Leiharbeitnehmer in ständig wechselnde Einsatzbetriebe überlassen werden, haben sie vergleichsweise große Erfahrungen mit Produktions- und Arbeitstechniken und können diese besser vergleichen und bewerten als Arbeitnehmer, die über Jahre hinweg auf derselben Position und derselben Arbeitsumgebung eingesetzt werden. Folglich liegt es nahe, den Entleiherbetriebsrat zum Entgegennehmen von Anregungen der Leiharbeitnehmerschaft zu berechtigen.

---

[229] Vgl. Ulber, BASIS-AÜG, § 14 Rn. 132.

[230] Vgl. Dewender, S. 148.

[231] Vgl. Schüren/*Hamann,* § 14 Rn. 220.

[232] Vgl. Ulber, BASIS-AÜG, § 14 Rn. 134.

[233] Vgl. GK-Kraft/Weber, § 80 Rn. 36.

6.3.3.5 Vereinbarkeit von Familie und Erwerbstätigkeit

Als Schutzbedürftige i.S.d. § 80 Abs. 1 Ziff. 4 BetrVG sind neben den ausdrücklich genannten Schwerbehinderten auch weitere Personengruppen, die auf besondere Hindernisse bei der Integration in das Berufsleben stoßen könnten erfasst. Dies können z.B. Alleinerziehende, ehemalige Strafgefangene und Langszeitarbeitslose sein, ebenso wie Behinderte, die nicht unter das SGB IX fallen. Ob Leiharbeitnehmer in diese Gruppe fallen ist fraglich. Der Kreis der besonders schutzbedüftigen Personengruppen ist in § 80 Abs. 1 Ziff. 4 BetrVG zwar nicht abschließend bestimmt, dennoch hat nicht der Entleiherbetriebsrat die Aufgabe dem Leiharbeitnehmer eine ihren Kräften und Fähigkeiten entsprechende Aufgabe im Entleiherbetrieb zuzuweisen. Der Verleiher hat grundsätzlich die alleinige Entscheidungsmacht, welcher seiner Arbeitnehmer er in den Entleiherbetrieb überlässt. Der Entleiher kann lediglich ein Profil über die Merkmale und Fähigkeiten des Leiharbeitnehmers erstellen oder ein allgemeines Anforderungsprofil im Überlassungsvertrag vereinbaren. Darüber hinaus trifft ihn kein Mitentscheidungsrecht. Er muss nicht darauf achten, besonders schutzbedürftige Leiharbeitnehmer bevorzugt zu berücksichtigen. Sollte im Entleiherbetrieb Pflichtquote des § 71 SGB IX nicht erfüllt werden, kann der Betriebsrat eine etwaige Übernahme solcher Leiharbeitnehmer in ein Arbeitsverhältnis vorschlagen. Der Entleiher kann sich seiner Pflicht zur Beschäftigung schwerbehinderter Menschen jedoch nicht dadurch entziehen, dass er Fremdfirmenarbeitnehmer im Betrieb einsetzt.[234] Bei den Schwellenwerten nach § 71 Abs. 1 SGB IX sind Leiharbeitnehmer aufgrund des § 73 Abs. 1 SGB IX mitzuzählen.[235]

6.3.3.6 Jugend- und Auszubildendenvertretung

Aufgrund ihrer aktiven Wahlberechtigung in § 7 Satz 2 BetrVG obliegt die Informationspflicht der unter 25jährigen zur Jugend- und Auszubildenden-vertretung dem Entleiherbetriebrsat.

6.3.3.7 Beschäftigung älterer Arbeitnehmer

Für § 80 Abs. 1 Ziff. 6 BetrVG gilt das o.g. zu § 80 Abs. 1 Ziff. 4 BetrVG entsprechend. Da die Förderung älterer Arbeitnehmer mit deren Einstellung beginnt, ist dies vornehmlich Sache des Verleihers. Ihm obliegt grundsätzlich anschließend auch die Auswahlentscheidung des zu überlassenden Arbeitnehmers.[236] Nach einer anderen Ansicht soll es dem Entleiherbetriebsrat jedoch möglich sein, soweit mehrere Leiharbeitnehmer zur

---

[234] LAG Hessen vom 24.4.2007, 4 TaBV 24/07, BeckRS 2007, 47235.

[235] Vgl. Ulber, Basis-AÜG, § 14 Rn. 135.

[236] Vgl. Schüren/*Hamann,* § 14 Rn. 223 a.

Überlassung in Frage kommen, auf eine Überlassung von vornehmlich älteren Arbeitnehmer hinzuwirken.[237]

6.3.3.8 Förderung und Sicherung der Beschäftigung

Die Vorschrift § 80 Abs. 1 Ziff. 8 BetrVG beinhaltet den Erhalt bereits vorhandener Arbeitsplätze. Der Erhalt von Leiharbeitsplätzen im Entleiherbetrieb kann hier grundsätzlich nicht gemeint sein, da diese von ihrem Wesen her nicht als Dauerarbeitsplätze ausgelegt sind Sie sollen lediglich einen vorübergehenden Arbeitsanfall bewältigen. Auch nach dem Wegfall der Höchstüberlassungsdauer sollte es naheliegender sein, einen auf Dauer im Leiharbeitsverhältnis besetzten Arbeitsplatz in ein Stammarbeitsverhältnis zu wandeln, als den Arbeitsplatz eines Leiharbeitnehmers auf Dauer einzurichten.

6.3.3.9 Arbeitsschutz und betrieblicher Umweltschutz

Der Entleiherbetriebsrat hat ergänzend zu §§ 80 Abs. 1 Ziff. 1, 89 BetrVG die Aufgabe Arbeitsschutzmaßnahmen in Bezug auf Leiharbeitnehmern zu fördern. Hier besteht ein Vorschlagsrecht um Unfall- und Gesundheitsgefahren, welche ggf. durch mangelnde Kenntnis der Produktions- und Betriebsabläufe erhöht sein können, zu reduzieren. In Frage kommen hier etwaige präventive Maßnahmen oder besondere Unterrichtungspflichten im Zusammenhang mit der Unterweisung nach § 12 Abs. 2 ArbSchG i.V.m. § 81 BetrVG.[238] Das Recht nach § 80 Abs. 1 Ziff. 9 BetrVG dürfte in der Praxis allerdings keine allzu starke Bedeutung erlangen, da dem Entleiherbetriebsrat die Aufgabe des Arbeitsschutzes bereits nach der oben erläuterten Vorschrift des § 80 Abs. 1 Ziff. 1 BetrVG obliegt.[239]

6.3.3.10 Zusammenfassung zu den allgemeinen Rechten und Aufgaben

Grundsätzlich sind alle im Betrieb tätigen Personen nach dem Grundsatz von Recht und Billigkeit zu behandeln. Daneben ist der arbeitsrechtliche Gleichbehandlungsgrundsatz einzuhalten. Der Entleiherbetriebsrat hat folglich darüber zu wachen, dass Leiharbeitnehmer eben nicht aufgrund ihrer Stellung als Leiharbeitnehmer benachteiligt werden. Der Betriebsrat im Verleiherbetrieb kann die durch § 80 Abs. 1 BetrVG gewährten Rechte in Bezug auf die dort beschäftigten unechten Leiharbeitnehmer nur in sehr begrenztem Maße oder gar nicht wahrnehmen. Sie knüpfen teilweise an die Einstellungs- und Beschäftigungspolitik im Entleihunternehmen an und sind folglich vom dortigen Betriebsrat wahrzunehmen. Insbesondere die § 80 Abs. 1 Ziff. 1 – 3, 7 BetrVG sind im Hinblick auf die Beschäftigung von Leiharbeitnehmern von Bedeutung. Teilnahmen an Sicherheits- oder Qualifizierungsmaßnahmen, sowie die Einbeziehung in soziale Einrichtungen und betriebliche

---

[237] Vgl. Thüsing/*Thüsing,* § 14 Rn. 110; a.A. Schüren/*Hamann,* § 14 Rn. 222.

[238] Vgl. Ulber, BASIS-AÜG, § 14 Rn. 137.

[239] Vgl. Schüren/*Hamann,* § 14 Rn. 226.

Veranstaltungen wie Betriebsfeste oder Betriebsausflüge sind gleichermaßen den Leiharbeitnehmern und der Stammbelegschaft dienlich. Sie können unter Umständen einen geordneten und störungsarmen Betriebsablauf unterstützen.[240] Insbesondere im Hinblick auf die nunmehr mögliche dauerhafte Überlassung erscheinen derartige Möglichkeiten durchaus sinnvoll, da sie das Betriebsklima und damit einhergehend die Produktivität positiv beeinflussen können. Für den Bereich der Befugnisse aus § 75 BetrVG liegt zwar eine Doppelzuständigkeit des Verleiher- und Entleiherbetriebsrats vor, jedoch sind Zuständigkeitskonflikte hier ausgeschlossen. Der Entleiherbetriebsrat ist immer dann zuständig, soweit es um Ungleichbehandlung der zur Arbeitsleistung überlassenen Arbeitnehmer mit der Stammbelegschaft im Entleiherbetrieb geht. Der Verleiherbetriebsrat ist zuständig insoweit es sich um Ungleichbehandlungen der Leiharbeitnehmer in Bezug auf die im Verleiherbetrieb tätigen Stammarbeitnehmer handelt. Also im Vergleich zu den Arbeitnehmern im Mischbetrieb, die nicht zur Arbeitsleistung überlassen werden, sondern in der Betriebsorganisation des Verleihers tätig sind.

6.3.4 Beteiligungsrechte in sozialen Angelegenheiten §§ 87 ff. BetrVG

Die Beteiligungsrechte des Betriebsrates in sozialen Angelegenheiten der §§ 87 ff. BetrVG sollen das Weisungsrecht des Arbeitgebers beschränken und die Arbeitnehmer durch den Betriebsrat an der Gestaltung der gewichtigsten Arbeitsbedingungen teilhaben lassen. Die Mitbestimmungsrechte des § 87 Abs. 1 BetrVG sind nicht dispositiv jedoch ist die Aufzählung in § 87 Abs. 1 BetrVG abschließend. Soweit ein Regelungsgegenstand nicht in diesen Bereich fällt, können über ihn nur freiwillige Betriebsvereinbarungen abgeschlossen werden § 88 BetrVG.[241] Da der Entleiherbetriebsrat nunmehr durch Wahl legitimiert ist, die betriebsverfassungsrechtlichen Rechte der Leiharbeitnehmer wahrzunehmen, hat er dort ein Mitbestimmungsrecht, wo Gegenstand und Zweck des Mitbestimmungsrechts an die tatsächliche Eingliederung in die Organisation des Entleiherbetriebs anknüpfen, und die Art und Weise der Arbeitsleistung sowie das sonstige Verhalten des Leiharbeitnehmers Regelungsgegenstand ist. Ist jedoch das Arbeitsverhältnis Voraussetzung für die Ausübung der Mitbestimmung, kommen diese Beteiligungsrechte nicht in Betracht. Soweit dem Entleiherbetriebsrat die Mitbestimmungsrechte aus § 87 Abs. 1 BetrVG zustehen, erfolgt ihre Wahrnehmung und Durchsetzung wie bei Stammarbeitnehmern.[242] Dies hat zur Folge, dass der Entleiher vor Maßnahmen, welche die Leiharbeitnehmer betreffen, zunächst die Zustimmung des Betriebsrats einholen muss. Verweigert der Betriebsrat seine Zustimmung ist die Einigungsstelle gem. § 87 Abs. 2 Satz 1 BetrVG anzurufen, deren Spruch gem. § 87 Abs. 2 Satz 2 BetrVG die Einigung ersetzt. Folglich kann der Entleiher nur dann eine Maßnahme des Kataloges in § 87 Abs. 1 BetrVG durchführen, wenn der Entleiherbetriebs-

---

[240] Vgl. Dewender, S. 148.

[241] Vgl. FESTL, § 87 Rn. 3, 4.

[242] Vgl. Schüren/*Hamann*, § 14 Rn. 276.

rat zuvor sein Mitbestimmungsrecht ausgeübt, oder die Einigungsstelle eine bindende Entscheidung getroffen hat. Daher handelt es sich bei den in § 87 BetrVG statuierten Rechten um echte erzwingbare Mitbestimmungsrechte des Entleiherbetriebsrates. Daneben steht dem Betriebsrat in diesen Angelegenheiten auch ein Initiativrecht zu. Folglich gehört die Wahrung dieser Aufgaben zum Kernbereich der Arbeit des Betriebsrates.[243] Grundsätzlich sind die Beteiligungsrechte in sozialen Angelegenheiten des Leiharbeitnehmers vom Verleiher wahrzunehmen. Von diesem Grundsatz wird aber in den Fällen abgewichen, in denen seine Zuständigkeit entfällt, weil es sich um Angelegenheiten handelt, welche die Art und Weise der Arbeitsleistung oder das sonstige Verhalten des entliehenen Arbeitnehmers während des Arbeitseinsatzes beim Entleiher betreffen. Dementsprechend ist in diesen Fällen der Entleiherbetriebsrat für den Schutz der Leiharbeitnehmer zuständig.[244] Zusammenfassend richtet sich das Mitbestimmungsrecht des Betriebsrats des Verleihers also danach, ob der Verleiher oder der Entleiher die mitbestimmungspflichtige Entscheidung trifft.[245] Dies gilt allerdings nur, insoweit es keine entsprechenden Vereinbarungen auf tariflicher oder betrieblicher Ebene gibt, denn die Regelungen in Tarifverträgen oder durch Betriebsvereinbarungen haben Vorrang vor den Mitbestimmungsrechten des Betriebsrates.[246] Besteht eine solche, ist eine zusätzliche Mitbestimmung der Betriebsparteien ist nicht geboten, denn die Interessen der Arbeitnehmer sind hinreichend gewahrt. Tarifverträge und Betriebsvereinbarungen gelten grundsätzlich für die Leiharbeitnehmer unabhängig davon ob sie gerade im Verleiher oder Entleiherbetrieb eingesetzt sind § 77 Abs. 4 Satz 1 BetrVG.

6.3.4.1 § 87 Abs. 1 Ziff. 1 – 13 BetrVG

Soweit der Entleiher Maßnahmen mit kollektivem Bezug durchführen will, die in den Anwendungsbereich des § 87 Abs. 1 Ziff. 1 – 13 BetrVG fallen, ist der Entleiherbetriebsrat mitbestimmungspflichtig. Maßnahmen mit kollektivem Tatbestand sind die Fälle, die sich abstrakt auf den ganzen Betrieb oder eine Gruppe von Arbeitnehmern beziehen.[247]

6.3.4.2 Ordnung des Betriebs

Eine vollständige Unterwerfung des Leiharbeitsverhältnisses unter die tariflichen Regelungen des Entleihers würde dazu führen, dass das Arbeitsverhältnis zwischen Entleiher und Leiharbeitnehmer inhaltlich gestaltet werden würde. Jedoch liegt zwischen Entleiher und Leiharbeitnehmer eben kein solches Arbeitsverhältnis vor. Da die Arbeitsleistung des Leiharbeitnehmers hauptsächlich im Entleiherbetrieb erbracht wird, steht diesem ein Weisungs-

---

[243] Vgl. Pulte, Kollektives Arbeitsrecht, S. 60.

[244] BAG vom 15.12.1992, AP Nr. 7 zu § 14 AÜG, NZA 1993, S. 513 ff..

[245] BAG vom 19.6.2001, NZA 2001, S. 1263 ff. = DB 2001, S. 2301 ff. = BB 2001, S. 2582 ff..

[246] Vgl. Schaub, § 235 Rn. 6.

[247] Vgl. FESTL, § 87 Rn. 16.

recht bezüglich des Arbeits- und Ordnungsverhaltens des Leiharbeitnehmers zu. Dieses übertragene Weisungsrecht betrifft alle im Arbeitnehmerüberlassungsvertrag festgelegten Tätigkeiten des Leiharbeitnehmers.[248] Demzufolge hat der Entleiherbetriebsrat ein Mitbestimmungsrecht. Gegenstand der sozialen Mitbestimmung sind Ordnungsregeln für das Verhalten der Arbeitnehmer im Betrieb. Betriebsvereinbarungen, die die Tatbestände des § 87 Abs. 1 Ziff. 1 BetrVG regeln, entfalten auch in Bezug auf Leiharbeitnehmer im Entleiherbetrieb ihre Wirksamkeit. Als Anwendungsbereiche des arbeitsbezogenen Organisationsrechts kommen hier in Betracht: Regelungen über das Betreten und Verlassen des Betriebsgeländes, Regelungen bzgl. Werksausweisen und einer einheitlichen Arbeitskleidung, inklusive deren Einführung und die Ausstattung der Mitarbeiter mit diesen Benutzung betrieblicher Einrichtungen, Verhalten am Arbeitsplatz, Tragen von Arbeitskleidung, Radiohören, Nutzung von Telefon und Internet, Alkohol- und Rauchverbote sowie Regelungen über den Nachweis von Arbeitsunfähigkeit.[249] Soweit die äußere Ordnung des Betriebes organisiert wird, bestehen für Leiharbeitnehmer grundsätzlich keine Besonderheiten. Geht es jedoch um das konkrete Verhalten der Leiharbeitnehmer im Betrieb des Entleihers, können sich aus der arbeitsvertraglichen Bindung zum Verleiher Besonderheiten ergeben. Einschränkungen des Mitbestimmungsrechts ergeben sich in den Bereichen, in denen dem Entleiher kein Direktionsrecht zusteht. Des Weiteren besteht die Möglichkeit, dass im Verleiherbetrieb Betriebsvereinbarungen gelten, die den Leiharbeitnehmer nicht dazu verpflichten sich den Betriebsvereinbarungen im Entleiherbetrieb zu unterwerfen. In derartigen Fällen steht dem Leiharbeitnehmer sogar ein Leistungsverweigerungsrecht zu.[250] Soweit im Entleiherbetrieb Sanktionsnormen in Form von Betriebsbußen bei Fehlverhalten der Arbeitnehmer verhängt werden, binden derartige Betriebsbußenordnungen auch Leiharbeitnehmer[251], allerdings nur, soweit derartige Betriebsbußen nicht an das Arbeitsverhältnis anknüpfen. In Betracht kommen hier vor allem Geldbußen, Verwarnungen oder Verweise, die beispielsweise eine Beendigung des Arbeitseinsatzes androhen. Nicht in Betracht kommen Eintragungen in die Personalakte[252] oder Abmahnungen, da sich diese Befugnisse auf das Arbeitsverhältnis stützen und dem Entleiher diesbezüglich keine Ermächtigungen hat.

6.3.4.3 Verteilung/Lage der Arbeitszeit

Gem. § 87 Abs. 1 Ziff. 2 BetrVG hat der Betriebsrat ein Mitbestimmungsrecht im Hinblick auf den Beginn und das Ende der täglichen Arbeitszeit, einschließlich der Verteilung der einzelnen Arbeitstage auf die Wochenarbeitszeit und etwaige Pausenregelungen.[253] Diese

---

[248] Vgl. Ulber, BASIS-AÜG, § 1 Rn. 66.

[249] Vgl. Thüsing/*Thüsing,* § 14 Rn. 118.

[250] Vgl. § 14 Rn. 104.

[251] Vgl. Thüsing/*Thüsing,* § 14 Rn. 118; differenzierend Ulber, § 14 Rn. 105.

[252] Vgl. Schüren/*Hamann,* § 14 Rn. 238.

[253] Vgl. FESTL, § 87 BetrVG Rn. 106, 112, 114, 118; Ulber BASIS-AÜG, § 14 Rn. 164.

Vorschrift soll das Individualinteresse der Beschäftigten an ihrer Freizeit und somit die Gestaltung ihres Privatlebens schützen. Daher erstreckt sich dieses Mitbestimmungsrecht lediglich auf die Lage (Beginn und Ende) der täglichen Arbeitszeit und Pausen, und nicht auf ihre Dauer. Die Dauer der Arbeitszeit wird im Arbeitsvertrag individuell vereinbart. Da der Leiharbeitnehmer seine Arbeitsleistung im Entleiherbetrieb erbringt, richtet sich seine Arbeitszeit grundsätzlich nach den Gegebenheiten und Bedürfnissen dort. In den Tarifverträgen zur Arbeitnehmerüberlassung ist (z.B. in § 3.1.3 MTV DGB/iGZ bzw. § 4.1 MTV DGB/BZA) jeweils vereinbart, dass sich der Beginn und das Ende der täglichen Arbeitszeit einschließlich Pausen nach den im Entleiherbetrieb geltenden Bestimmungen richtet.[254] Der Entleiherbetriebsrat hat ggf. bei der Gestaltung von flexiblen Arbeitszeitsystemen wie Gleitzeitregelungen oder Arbeitszeitkonten mitzubestimmen.[255] Ebenso verhält es sich mit Schicht-, Sonn- oder Feiertagsarbeit sowie bei Rufbereitschaft oder Bereitschaftsdiensten, die von Leiharbeitnehmern übernommen werden.[256] Der Entleiher kann den Leiharbeitnehmer im Einsatzbetrieb aufgrund seines Direktionsrechts zur Arbeitsleistung einteilen und die Arbeitszeiten festlegen.[257] Er hat jedoch den rechtlichen Rahmen und die in den Arbeitnehmerschutzgesetzen bestimmten Grenzen einzuhalten (z.B. ArbZG, JArbSchG, MuSchG). Die Dauer der täglichen Einsatzzeit kann im Überlassungsvertrag näher bestimmt werden. Sie kann im Vergleich zur arbeitsvertraglich vereinbarten Arbeitszeit lediglich nach unten abweichen. Somit ist es möglich einen Leiharbeitnehmer mit einer vertraglich vereinbarten 40-Stunden-Woche (Vollzeit) auch auf einen Teilzeitarbeitsplatz zu überlassen.[258] Soweit Leiharbeitnehmer in bereits bestehende Dienstpläne eingeordnet werden bzw. einzelnen Schichten im Entleiherbetrieb zugeordnet werden, so hat der Entleiherhebtriebsrat auch in dieser Hinsicht aus § 87 Abs. 1 Ziff. 2 BetrVG ein Mitbestimmungsrecht.[259] Wird im Einsatzbetrieb von flexiblen Arbeitszeitsystemen wie bspw. Gleitzeitregelungen Gebrauch gemacht, sind auch Leiharbeitnehmer bei einer entsprechenden Betriebsvereinbarung dementsprechend berechtigt und verpflichtet. Wurden infolgedessen Arbeitszeitguthaben aufgebaut, sind diese grundsätzlich während der Einsatzzeit auszugleichen. Kann es nicht ausgeglichen werden und war die Arbeitsleistung nach dem Überlassungsvertrag zulässig, muss der Verleiher das Arbeitszeitguthaben vergüten. War die Arbeitsleistung nach dem Überlassungsvertrag unzulässig, hat sie der Entleiher zu vergü-

---

[254] Vgl. Rohde, Leiharbeit, S. 28.

[255] BAG vom 28.7.1992, NZA 1993, S. 272; BAG vom 15.12.1992, AP Nr. 7 zu § 14 AÜG, NZA 1993, S. 513 ff..

[256] Vgl. Boemke/Lembke, § 14 Rn. 118.

[257] BAG vom 19.6.2001, NZA 2001, S. 1263 ff. = DB 2001, S. 2301 ff. = BB 2001, S. 2582 ff.; BAG vom 15.12.1992, AP Nr. 7 zu § 14 AÜG, NZA 1993, S. 513 ff.; Schüren, § 14 Rn. 243.

[258] Vgl. Schüren/*Hamann,* § 14 Rn. 239.

[259] LAG Hamm vom 26.8.2005, BeckRS 2005, 43286; Hamann, AuR 2002, S. 326.

ten.[260] Weist das Arbeitszeitkonto dagegen einen Negativsaldo auf, geht dies zu Lasten des Entleihers. Aus Gründen des Annahmeverzuges hat der die vereinbarte Überlassungsvergütung an den Verleiher zu entrichten. Durch den Überlassungsvertrag kann abweichendes vereinbart werden.[261]

6.3.4.4 Betriebsübliche Arbeitszeitdauer

Eine vorübergehende Verkürzung oder Verlängerung der Arbeitszeit in Form von Überstunden oder Kurzarbeit des Leiharbeitnehmers betrifft gem. § 87 Abs. 1 Ziff. 3 BetrVG die Mitbestimmung des Betriebsrats. Grundsätzlich besteht hier das Mitbestimmungsrecht des Verleiherbetriebsrates. Der Verleiher ist zwar berechtigt gegenüber dem Leiharbeitnehmer derartige Maßnahmen anzuordnen. Jedoch besteht bei der konkreten Ausführung von Überstunden oder Kurzarbeit das Mitbestimmungsrecht des Entleiherbetriebsrates.[262] Der Entleiher kann auch dem Leiharbeitnehmer gegenüber zur entsprechenden Anordnung von Mehr- oder Kurzarbeit berechtigt sein, dies geschieht jedoch nur durch ausdrückliche Ermächtigung durch den Verleiher.[263] Diese Ermächtigung wird durch eine entsprechende Vereinbarung im Arbeitnehmerüberlassungsvertrag erteilt. Wird der Leiharbeitnehmer in einen Betrieb entstand, dessen betriebsübliche Arbeitszeit die vertraglich geschuldete übersteigt, so ist dies durch den Verleiherbetriebsrat mitbestimmungspflichtig, wenn der Zeiharbeitnehmer tatsächlich für diese entsprechend verlängerte Arbeitszeit überlassen wird.[264] Der Verleiher kann jedoch mit dem Entleiher im Arbeitnehmerüberlassungsvertrag vereinbaren, dass Mehrarbeit bis zur Höhe der im Entleiherbetrieb geltenden Arbeitszeit angeordnet werden kann. Ist der Entleiher dann auf Grundlage des Arbeitnehmerüberlassungsvertrages zur Anordnung von Mehrarbeit befugt und ordnet diese auch an, so steht dem Entleiherbetriebsrat das Mitbestimmungsrecht zu.

6.3.4.5 Auszahlung des Arbeitsentgelts

Bei der unechten Leiharbeit schuldet der Entleiher keine Vergütung. Die Zuständigkeit liegt beim Verleiher. Demnach ist auch keine Mitbestimmung des Entleiherbetriebsrats möglich. Somit treffen alle Mitbestimmungsrechte bezüglich der Entlohnung den Verleiherbetriebsrat.[265] Ausnahmsweise wären hier entgeltwerte Leistungen oder Zuschüsse wie Essensgeld oder Fahrgeld möglich.[266] Ver- und Entleiher können mit Zustimmung des Leiharbeitneh-

---

[260] a.A. Boemke/Lembke, § 14 Rn. 110.

[261] Vgl. Schüren/Hamann, § 14 Rn. 245.

[262] Vgl. Dörner, FS Wissmann, S. 291.

[263] Vlg. Boemke/Lembke, § 14 Rn. 120; Thüsing, § 14 Rn. 122.

[264] BAG vom 19.06.2001, NZA 2001, S. 1263 ff. = DB 2001, S. 2301ff. = BB 2001, S. 2582 ff..

[265] BAG vom 15.12.1992, AP Nr. 7 zu § 14 AÜG, NZA 1993, S. 513 ff..

[266] Vgl. Schüren/Hamann, § 14 Rn. 256.

mers die Pflicht zur Auszahlung der Vergütung durch den Arbeitnehmerüberlassungsvertrag auf den Entleiher übertragen. Dazu ist die Zustimmung des Leiharbeitnehmers erforderlich. Dadurch wird der Verleiher jedoch nicht von seiner Abgaben- und Beitragspflicht befreit, die er gegenüber den Trägern der Sozialversicherung hat und die durch ordnungsgemäße Buchhaltung zu dokumentieren sind.[267] Ein Verstoß gegen diese Verpflichtung kann zum Widerruf der Verleiherlaubnis gem. § 3 Abs. 1 Ziff. 1 und 2 AÜG führen.

6.3.4.6 Urlaubsgewährung

Der Verleiher ist Schuldner des Urlaubsanspruchs und somit liegt die Gewährung und die damit verbundene zeitliche Festlegung von Bildungs- und Erholungsurlaub nicht in der Sphäre des Entleihers.[268] Grundsätzlich hat der Verleiher als Vertragsarbeitgeber über die Urlaubsgewährung zu entscheiden. Jedoch bleibt es dem Verleiher unbenommen sich bei der Urlaubsplanung nach den Belangen des Entleihers zu richten. Dies kann auch im Überlassungsvertrag vereinbart werden. Sollte im Überlassungsvertrag von der Möglichkeit gebrauch gemacht werden, dass der Entleiher zur verbindlichen Gewährung des Urlaubs für und gegen den Leiharbeitnehmer berechtigt wird, so steht dem Entleiherbetriebsrat das Mitbestimmungsrecht zu.[269] In diesem Fall erwirbt der Entleiher zwar nicht das originäre Recht zur Urlaubsgewährung, jedoch ist er gem. § 185 Abs. 1 BGB zur Ausübung dieses Rechts ermächtigt.[270] Sollte es bei der Urlaubsplanung zwischen Ver- und Entleiher zu Streitigkeiten kommen, so sind diese auf Grund der Vereinbarungen im Überlassungsvertrag zu lösen. Grundsätzlich sollte der Verleiher sich bei der Urlaubsplanung an den Wünschen des Entleihers orientieren, da der Einsatz von Leiharbeitnehmern gerade dazu beitragen soll, Produktivitätsausfälle aufgrund von Abwesenheiten bzw. Fehlzeiten zu vermeiden. Der Betriebsrat im Entleiherbetrieb kann durch sein Mitbestimmungsrecht in § 87 Abs. 1 Ziff. 5 BetrVG auch den Stammarbeitnehmern helfen ihre Urlaubsansprüche durchzusetzen. Es steht ihm offen Leiharbeitnehmer zur Urlaubsvertretung vorzuschlagen. Derartige Fällen sind im Wege der Personalplanung gem. § 92 BetrVG zu erörtern und mitzubestimmen.

6.3.4.7 Technische Überwachungseinrichtungen

Bei der Regelung § 87 Abs. 1 Ziff. 6 BetrVG geht es um den Persönlichkeitsschutz bei der Erbringung der Arbeitsleistung. Da diese im Entleiherbetrieb erfolgt, kann dem Verleiherbetriebsrat grundsätzlich kein Mitbestimmungsrecht zustehen. Ausnahmen bestehen im Bereich der elektronischen Personalinformationssysteme.[271] Sind im Einsatzbetrieb auch

[267] Vgl. Ulber, § 14 Rn. 117.

[268] Vgl. Schüren/Hamann, § 14 Rn. 257.

[269] Vgl. Thüsing, Kommentar, § 14 Rn. 31.

[270] Vgl. Schüren/Hamann, § 14 Rn. 257.

[271] Vg. Schüren/Hamann, § 14 Rn. 369.

Leiharbeitnehmer der technischen Überwachung ausgesetzt, so hat der Entleiherbetriebsrat hier ein Mitbestimmungsrecht um einen präventiven Schutz vor Überwachungseinrichtungen sicherzustellen, die ihr Verhalten oder ihre Leistung überwachen. Denn Leiharbeitnehmer sind in dieser Hinsicht genauso schutzbedürftig wie Stammarbeitnehmer. Auch sie dürfen nicht in unzulässiger Weise Überwachungseinrichtungen ausgesetzt werden.

6.3.4.8 Unfallverhütung und Gesundheitsschutz

Der ergänzende Unfallschutz (Unfallverhütung und Gesundheitsschutz) obliegt neben dem Verleiher auch ausdrücklich nach § 11 Abs. 6 AÜG dem Entleiher und somit der Mitbestimmung des Entleiherbetriebsrates. Somit ist der Beschäftigungsarbeitgeber aufgrund des tatsächlichen Tätigseins der Leiharbeitnehmer in seinem Betrieb, für die Einhaltung der öffentlich-rechtlichen Arbeitsschutzbestimmungen im Betrieb verantwortlich. Infolgedessen sollte der Entleiherbetriebsrat anregen, Leiharbeitnehmer in bestehende betriebliche Regelungen, welche die Arbeitsschutzvorschriften vervollständigen, einzubeziehen.[272]

6.3.4.9 Sozialreinrichtungen

Nach § 87 Abs. 1 Ziff. 8 und 9 BetrVG hat der Betriebsrat in Bezug auf Sozialeinrichtungen ein Mitbestimmungsrecht, welches die Form, Ausgestaltung und Verwaltung von Sozialeinrichtungen im Betrieb betrifft. Sozialeinrichtungen können z.B. Kantinen, Werksküchen, Kindergärten oder Sportanlagen, Erholungsheime und –räume sowie Pensions- und Unterstützungskassen wie Pensionsfonds der betrieblichen Altersvorsorge darstellen.[273] Jedoch ist die Festlegung des begünstigten Personenkreises nach abstrakten Kriterien mitbestimmungsfrei.[274] Leiharbeitnehmer können nur dann Zugang zu den Sozialeinrichtungen verlangen, wenn sie unter die abstrakten Kriterien fallen oder bereits ausdrücklich bestimmt wurde, dass sie zu dem berechtigten Personenkreis gehören. Die Festlegung der abstrakten Kriterien ist zwar mitbestimmungsfrei, jedoch muss der Entleiher neben § 75 BetrVG auch das Gleichbehandlungsgebot des § 3 Abs. 1 Ziff. 3 i.V.m. § 9 Ziff. 2 AÜG beachten.[275] Grundsätzlich ist festzustellen, dass das Mitbestimmungsrecht des Entleiherbetriebsrates davon abhängt, inwieweit Leiharbeitnehmern die Nutzung von Sozialreinrichtungen durch den Einsatzbetrieb gestattet ist. Soweit sie Zugang zu Sozialeinrichtungen haben, hat der Betriebsrat des Entleiherbetriebs auch ihre Belange zu berücksichtigen. Wird für den Zugang zu Sozialeinrichtungen das Bestehen eines Arbeitsverhältnisses gefordert, können Leiharbeitnehmer von diesen ausgeschlossen werden. Dies kann der Fall sein, bei z.B. Sozialleistungen, die Entgeltanreize schaffen sollen oder Betriebstreue belohnen wollen. Darin ist ein sachlicher Rechtfertigungsgrund zu sehen und ein Ausschluss kann gerechtfer-

---

[272] Vlg. Schüren/Hamann, § 14 Rn. 260.

[273] Vgl. Thüsing, Kommentar, § 14 Rn. 129.

[274] Vlg. Boemke/Lembke, § 14 Rn. 125; *Böhm*/Hennig/Popp, Zeitarbeit, Rn. 924.

[275] Vgl. Thüsing, § 14 Rn. 129.

tigt sein.[276] Soweit für die Einbeziehung nach Sinn und Zeck der Sozialeinrichtung auch Leiharbeitnehmer einzubeziehen sind, was bei z.B. Parkplätzen, Sozialräumen oder der Kantine der Fall ist, kann ihnen grundsätzlich der Zugang nicht verwehrt werden. In Bezug auf Werkmietwohnungen wurde in § 87 Abs. 1 Ziff. 9 BetrVG dem Betriebsrat ein ausdrückliches Mitbestimmungsrecht in Bezug auf die Zuweisung, Kündigung und Festlegung der Nutzungsbedingungen eingeräumt. Es ist jedoch zu beachten, dass Werkmietwohnungen gerade mit Rücksicht auf das Arbeitsverhältnis vermietet werden, daher ist ein Arbeitsverhältnis hier Voraussetzung. Grundsätzlich ist jedoch der betriebsverfassungsrechtliche Gleichbehandlungsgrundsatz zu beachten und daher findet auf diesen Bereich das zuvor erörterte entsprechend Anwendung. Das Mitbestimmungsrecht nach § 87 Abs. 1 Ziff. 9 BetrVG kommt ebenfalls in Betracht, wenn Stamm- und Leiharbeitnehmer auf auswärtigen Baustellen untergebracht werden müssen. Auch Unterkünfte wie Behelfsheime, Wohnwagen oder Wohncontainer fallen unter diese Vorschrift und das Mitbestimmungsrecht knüpft hier an die Eingliederung in den Betrieb an, nicht an das Arbeitsverhältnis.[277] Nachdem das Europäische Parlament die EU-Richtlinie für die Zeitarbeit verabschiedet hat,[278] werden sich in Bezug auf den Zugang zu Sozialeinrichtungen im Einsatzbetrieb, nach der dreijährigen Umsetzungsfrist, wesentliche Neuerungen ergeben. In Art. 6 Abs. 4 Richtlinie 2008/10599/EG werden Leiharbeitnehmern in den Entleiherbetrieben die gleichen Bedingungen wie den Stammarbeitnehmern gewährt, was die Nutzung von Sozialreinrichtungen betrifft. Dies betrifft explizit den Zugang zu Gemeinschaftseinrichtungen/–diensten, Gemeinschaftsverpflegung, Kinderbetreuungseinrichtungen und Beförderungsmitteln, soweit dem keine objektiven Gründe entgegenstehen.

6.3.4.10 Betriebliche Lohngestaltung

Das Mitbestimmungsrecht aus § 87 Abs. 1 Ziff. 10 BetrVG soll die Angemessenheit und Durchsichtigkeit des innerbetrieblichen Lohngefüges sichern und eine innerbetriebliche Lohngerechtigkeit herstellen und waren.[279] Dieses Mitbestimmungsrecht betrifft Leiharbeitnehmer grundsätzlich nicht, denn die betriebliche Lohngestaltung ist nur für den Personenkreis von Bedeutung, der auch vom Entleiher Lohn empfängt. Zu diesem gehört der Leiharbeitnehmer grundsätzlich nicht. Lohn i.S.d. § 87 Abs. 1 Ziff. 10 BetrVG bezieht sich auf über das reine Arbeitsentgelt hinausgehende vermögenswerten Leistungen.[280] Ausnahmen könnten folglich die Gewährung von Essens- oder Fahrgeld durch den Entleiher bilden. Nur in derartigen Fällen besteht für den Entleiherbetriebsrat ein Mitbestimmungsrecht.

---

[276] Vgl. Boemke/Lembke, § 14 Rn. 125; Schüren/Hamann, § 14 Rn. 262.

[277] Vgl. Schüren/Hamann, § 14 Rn. 266.

[278] Vgl. Richtlinie 2008/10599/EG des europäischen Parlaments und des Rates vom 22.10.2008.

[279] Vgl. FESTL, § 87 Rn. 408.

[280] BAG vom 10.6.1986, AP Nr. 22 zu § 87 BetrVG 1972 Lohngestaltung.

Darüber hinaus kann der Entleiher auch weitere Leistungen festsetzen, wie z.B. Leistungslohn. In derartigen Fragen hat der Entleiherbetriebsrat mitzubestimmen. In den Tarifverträgen zur Arbeitnehmerüberlassung finden sich keine entsprechenden Regelungen zum Leistungslohn, sodass sich eine etwaige Regelung nach § 9 Ziff. 2 AÜG richten würde.

6.3.4.11 Betriebliches Vorschlagwesen

Das Mitbestimmungsrecht in § 87 Abs. 1 Ziff. 12 BetrVG erfasst Verbesserungsvorschläge, die nicht unter das ArbNErfG fallen. Es beinhaltet die Mitbestimmung bei Einführung und Aufstellung von allgemeinen Grundsätzen für die Einreichung, Bearbeitung und Bewertung von Verbesserungsvorschlägen, ebenso wie die tatsächliche Ausgestaltung der Bemessung der Anerkennungsprämien. Vorschläge, die unter das ArbNErfG fallen, werden bereits von § 11 Abs. 7 AÜG berücksichtigt. Hier gilt der Entleiher für die Dauer der Überlassung als Arbeitgeber i.S.d. ArbNErfG des Leiharbeitnehmers. Unter das ArbNErfG fallen alle Erfindungen, die patent- oder gebrauchsmusterfähig sind. Diese sind abschließend im ArbNErfG geregelt. Die dortigen Bestimmungen lassen folglich für die Mitbestimmung des Betriebsrates keinen Raum.[281] Soweit die Betriebspartner Betriebsvereinbarungen über das betriebliche Vorschlagwesen abgeschlossen haben, erstrecken sich diese auch auf Leiharbeitnehmer.[282] Begründet werden kann dies mit dem Sinn und Zweck der Bestimmung, die Optimierung der betrieblichen Abläufe zu fördern und eine damit verbundene gerechte Bewertung und Prämierung zu gewährleisten. Eine etwaig zu zahlende Anerkennungsprämie steht folglich auch dem vorschlagenden Leiharbeitnehmer zu. Diese Prämie ist durch den Entleiher zu entrichten. Da durch diese Prämie nicht die vertraglich geschuldete Arbeitspflicht, sondern eine zusätzliche Leistung des Leiharbeitnehmers vergütet werden soll,[283] entsteht ein unmittelbarer Anspruch des Leiharbeitnehmers gegenüber dem Entleiher auf Zahlung der Prämie. Es kommt bei der Unterbreitung des Verbesserungsvorschlages nicht darauf an, ob dieser während einer laufenden Überlassung gemacht wird. Vielmehr kann auch noch nach Beendigung des Einsatzes ein derartiger Vorschlag eingereicht werden, soweit er aufgrund des vorangegangenen konkreten Einsatzes abgegeben wird.[284] Folglich besteht das Mitbestimmungsrecht des Entleiherbetriebsrat auch weiterhin, obwohl der Leiharbeitnehmer seinen Einsatz im Beschäftigungsbetrieb bereits beendet hat. Jedoch immer nur vor dem Hintergrund, dass die Voraussetzung der Betriebsvereinbarung zur Einreichung eines gültigen Verbesserungsvorschlages erfüllt sind. Somit muss der Vorschlag eines Leiharbeitnehmers unter der Berücksichtigung des Gleichstellungsgrundsatzes aus § 75 BetrVG wie der eines Stammmitarbeiters behandelt und prämiert werden, auch nach Ausscheiden desselben.

---

[281] Vgl. FESTL, § 87 Rn. 542, 551.

[282] Vgl. Thüsing, § 14 Rn. 138; Boemke/Lembke, § 14 Rn. 127.

[283] Vgl. FESTL, § 87 Rn. 536, 541.

[284] Vgl. Schüren/Hamann, § 14 Rn. 272

6.3.4.12 Gruppenarbeit

Durch § 87 Abs. 1 Ziff. 13 BetrVG wird dem Betriebsrat ein Mitbestimmungsrecht bei der Durchführung von Gruppenarbeit eingeräumt. Das Mitbestimmungsrecht besteht jedoch nicht bei der unternehmerischen Entscheidung bzgl. der Einführung oder der Beendigung. Der Unternehmer entscheidet selbst ob und ggf. in welcher Abteilung die Organisationsform der Gruppenarbeit eingesetzt werden soll. Es erlaubt dem Betriebsrat Regelungen bzgl. eines Gruppensprechers nebst dessen Stellung und Aufgaben aufzustellen, Gruppengespräche zwecks Meinungsaustauschs abzuhalten und Konfliktlösungsstrategien zu erarbeiten.[285] Das Gesetz bietet in § 87 Abs. 1 Ziff. 13, Hs. 2 BetrVG eine Legaldefinition des Begriffs Gruppenarbeit, und erlaubt dem Betriebsinhaber, aus mehreren Arbeitnehmern Betriebsgruppen zu bilden, die die Gruppenarbeit ausführen. Grundsätzlich können auch Leiharbeitnehmer für die Gruppenarbeit eingesetzt werden, dann erstreckt sich das Mitbestimmungsrecht des Betriebsrats auch auf diese Beschäftigungsform. Der Zweck des Mitbestimmungsrechts des Entleiherbetriebsrats liegt außerhalb des Arbeitsrechts. Bei der Gruppenarbeit sollen die Eigenverantwortlichkeit und die Zusammenarbeit von Arbeitnehmern unter dem Austausch von Wissen und Erfahrungen gefördert werden. Diese Arbeitsorganisation birgt jedoch auch Gefahren für die einzelnen Arbeitnehmer. Diese sind in einem erhöhten Gruppendruck, einer Selbstausbeutung der Gruppenmitglieder oder der Ausgrenzung von leistungsschwächeren Arbeitnehmern zu sehen.[286]

6.3.5 Wirkung von Betriebsvereinbarungen

Wird durch eine Betriebsvereinbarung lediglich das Stammpersonal des Verleihers begünstigt, so muss jedoch überprüft werden, ob der Ausschluss mit dem betriebsverfassungsrechtlichen Gleichbehandlungsprinzip § 75 Abs. 1 Satz 1 BetrVG vereinbar ist. Denn die Gleichbehandlungspflicht ist nicht nur auf Leiharbeitnehmer in einem Betrieb untereinander beschränkt, sondern auf alle Arbeitnehmer eines Betriebes. Daher muss auch zwischen Stamm- und Leihpersonal das Gleichbehandlungsgebot beachtet werden, soweit keine Rechtfertigungsgründe vorliegen.[287]

6.3.6 Durchsetzung der Mitbestimmungsrechte § 87 Abs. 2 BetrVG

Soweit Betriebsvereinbarungen zu den o.g. Bereichen bestehen, kann der Entleiherbetriebsrat ihre Durchführung und ggf. die Unterlassung von verbotswidrigen Maßnahmen verlangen. Dabei kommt es nicht darauf an, ob Betriebsvereinbarungen nur Stamm- oder ebenfalls Leiharbeitnehmer betreffen. Die Durchsetzung der betriebsverfassungsrechtlichen Rechte für Leiharbeitnehmer erfolgt wie bei Stammarbeitnehmern.[288] Soll vom Entleiher

---

[285] Vgl. BT-Ds. 14/5741, S. 47.

[286] Vgl. BT-Ds. 14/5741, S. 47.

[287] Vlg. Boemke/Lembke, § 14 Rn. 25.

[288] Vgl. Schüren/Hamann, § 14 Rn. 276.

eine mitbestimmungspflichtige Maßnahme durchgeführt werden, zu der der Entleiherbetriebsrat seine Zustimmung verweigert, so hat der Entleiher die Einigungsstelle anzurufen. Sofern eine mitbestimmungspflichtige Maßnahme ohne die Zustimmung des Entleiherbetriesrates durchgeführt werden sollte, steht diesem ein Unterlassungsanspruch zu, der vor dem Arbeitsgericht durch Erlass einer einstweiligen Verfügung durchgesetzt werden kann.[289] Sofern es zu wiederholten Verstößen von Seiten des Entleihers kommt, steht dem Entleiherbetriebsrat die Möglichkeit eines Unterlassungsverfahrens gem. § 23 Abs. 3 BetrVG frei. Auch der Leiharbeitnehmer selbst hat gegen belastende mitbestimmungswidrige Anordnungen des Entleihers ein Leistungsverweigerungsrecht.[290] Bestehen im Entleiherbetrieb keine derartigen Betriebsvereinbarungen, steht dem Entleiherbetriebsrat ein Initiativrecht zu, derartige Betriebsvereinbarungen bzw. Regelungen zu erwirken.[291] Verstärkt wird dieses Initiativrecht durch die dem Betriebsrat auferlegte Schutzfunktion für Leiharbeitnehmer, die einer diskriminierenden Ungleichbehandlung entgegen wirken soll. Ist die Anwendung von Betriebsvereinbarungen auf Leiharbeitnehmer streitig, so muss eine etwaige Auslegungsfrage ggf. im arbeitsgerichtlichen Beschlussverfahren nach § 2 a ArbGG i.V.m. §§ 80 ff. ArbGG geklärt werden. Solange es zu keiner Einigung der Betriebsparteien gekommen ist, darf der Betriebsinhaber eine mitbestimmungspflichtige Maßnahme nach § 87 Abs. 1 BetrVG nicht einseitig durchführen. Somit ist die Einigung für derartige Maßnahmen als Wirksamkeitsvoraussetzung anzusehen. In der Rechtsfolge ist der Betriebsinhaber so lange der Einsatz von Fremdpersonal verwehrt, wie das Einigungsstellenverfahren andauert. Außerhalb des Anwendungsbereichs des § 99 BetrVG stellt das hier aufgeführte Mitbestimmungsrecht in sozialen Angelegenheiten folglich das wichtigste Handlungsinstrument des Betriebsrates dar, um den Drittpersonaleinsatz im Betrieb zu gestalten[292] bzw. zu begrenzen.

6.3.7 Freiwillige Betriebsvereinbarungen §§ 88 f. BetrVG

Über die in § 87 Abs. 1 BetrVG geregelten Angelegenheiten hinaus können von den Betriebsparteien in weiteren Materien der sozialen Angelegenheiten freiwillige Betriebsvereinbarungen abgeschlossen werden. Dabei ist die Aufzählung in § 88 BetrVG nicht abschließen, worauf der Wortlaut „insbesondere“ schließen lässt. Sofern Leiharbeitnehmer nicht ausdrücklich in die entsprechenden Betriebsvereinbarungen einbezogen sind, hängt ihre Einbeziehung von dem Regelungsgegenstand und dem Zweck der geregelten Materie ab. Soweit ein Regelungsgegenstand an die tatsächliche Eingliederung des Arbeitnehmers in den Betrieb anknüpft, ist es geboten Leiharbeitnehmer in diese einzubeziehen.[293] In

---

[289] Vgl. Ulber, § 14 Rn. 128; Schüren, § 14 Rn. 279.

[290] BAG vom 3.12.1991, AP Nr. 51 zu § 87 BetrVG 1972 Lohngestaltung.

[291] BAG vom 14.11.1974, AP Nr. 1 zu § 87 BetrVG 1972.

[292] Vgl. Ulber, § 14 Rn. 129, 130.

[293] Vgl. Boemke/Lembke, § 14 Rn. 129; Ulber § 14 Rn. 130 a.

Betracht kommen hier bspw. die in § 88 Ziff. 1 BetrVG genannten zusätzlichen Maßnahmen zur Verhütung von Arbeitsunfällen und Gesundheitsschädigungen und die § 88 Ziff. 4 BetrVG genannten Maßnahmen zur Integration sowie zur Bekämpfung von Rassismus und Fremdenfeindlichkeit. Diese beiden Regelungsbereiche verlangen keine arbeitsvertragliche Bindung zum Betriebsinhaber und sollten nach § 75 Abs. 1 BetrVG ebenfalls auf Leiharbeitnehmer Anwendung finden.[294] Soweit ein Regelungsgegenstand an das arbeitsrechtliche Grundverhältnis anknüpft, fehlt es an den entsprechenden Voraussetzungen für die Einbeziehung von Leiharbeitnehmern, z.B. zusätzliches Urlaubsgeld oder Jahressonderzahlungen. Auch für die Regelung von konkreten Bedingungen bei dem Einsatz von Leiharbeitnehmern können freiwillige Betriebsvereinbarungen abgeschlossen werden. Hier können Rahmenbedingungen festgelegt werden, welche z.B. die Einsatzbereiche, Höchstüberlassungszeiträume, Mindestarbeitsbedingungen oder eine Übernahmeverpflichtung bestimmen. Bei Abschluss des Arbeitnehmerüberlassungsvertrages ist der Entleiher dann verpflichtet diese Betriebsvereinbarungen entsprechend umzusetzen.[295] Auch bei den freiwilligen Betriebsvereinbarungen gilt der Tarifvorrang nach § 77 Abs. 3 BetrVG.

6.3.8 Betrieblicher Arbeits- und Umweltschutz §§ 89 f. BetrVG

Da Leiharbeitnehmer tatsächlich in den Betrieb eingegliedert sind, besteht für sie die Unfall- und Gesundheitsgefahr gleichermaßen wie für Stammarbeitnehmer. Den Unfall- und Gesundheitsgefahren, denen hier vorgebeugt werden soll, bestehen unabhängig von einer vertraglichen Bindung des Leiharbeitnehmers an den Betriebsinhaber. Daher ist es geboten, dass der Betriebsrat die zugewiesenen Aufgaben aus § 89 BetrVG auch in Hinsicht auf die Leiharbeitnehmer wahrnimmt.[296]

6.3.9 Zwischenfazit zu den sozialen Angelegenheiten

Im Bereich der sozialen Angelegenheiten kommt die Mitbestimmung des Entleiherbetriebsrats für eine Reihe von Mitbestimmungsrechten grundsätzlich nicht in Betracht. Dazu zählen u.a. die Entlohnung nebst betrieblicher Lohngestaltung und die Urlaubsgewährung. Denn diese Rechte knüpfen an das Arbeitsvertragsverhältnis an. Daneben sind die mitbestimmungspflichtigen Tatbestände der technischen Überwachung, die Gewährung des Zugangs zu Sozialeinrichtungen und die Durchführung von Gruppenarbeit grundsätzlich nur vom Entleiherbetriebsrat wahrzunehmen. Denn diese Rechte knüpfen an die tatsächliche Eingliederung in den Entleiherbetrieb an. Von diesem Grundsatz wird in den Fällen abgewichen, in denen die Zuständigkeit des Verleihers entfällt, weil es sich um Angelegenheiten handelt, welche die Art und Weise der Arbeitsleistung oder das sonstige Verhalten der entliehenen Arbeitnehmer während eines Einsatzes betreffen. Für die Fragen der Ordnung

---

[294] Vgl. Schüren/Hamann, § 14 Rn. 282 a; Thüsing, § 14 Rn. 140.

[295] Vgl. Ulber, BASIS-AÜG, § 14 Rn. 188.

[296] Vgl. Boemke/Lembke, § 14 Rn. 130; Schüren/Hamann, § 14 Rn. 284.

des Betriebs sind zwar prinzipiell beide Betriebsräte zuständig, jedoch beschränkt sich diese auf den jeweiligen Betrieb, für den er gebildet wurde. Folglich können keine Zuständigkeitskonflikte in Bezug auf die Mitbestimmung des Arbeits- und Ordnungsverhaltens im jeweiligen Betrieb auftreten. In Bezug auf den Arbeits- und Gesundheitsschutz besteht im Regelungsbereich des § 87 Abs. 1 Nr. 7 BetrVG eine weitere Doppelzuständigkeit. Die Mitbestimmung bezieht sich jedoch auf verschiedene Aspekte des Arbeits- und Gesundheitsschutzes und löst folglich keine Zuständigkeitskonflikte aus. Dem Verleiher obliegen die arbeitsmedizinischen Vorsorgeuntersuchungen und dem Entleiher die Einhaltung der öffentlich-rechtlichen Arbeitsschutzbestimmungen, welche mit der tatsächlichen Erbringung der Arbeitsleistung im Entleiherbetrieb zusammenhängen. Des Weiteren können in beiden Betrieben freiwillige Betriebsvereinbarungen abgeschlossen werden, die die sozialen Angelegenheiten in Bezug auf Leiharbeitnehmer regeln. Der Betriebsrat des Entleihers kann zwar verlangen, dass der Entleiher mit ihm über die Personalplanung berät, aber ein Mitbestimmungsrecht steht ihm nicht zu. Daher ist es ratsam im Wege freiwilliger Betriebsvereinbarungen die Einsatzmodalitäten von Leiharbeitnehmern zu regeln. Diese könnten u.a. regeln welche und wie viele Arbeitsplätze besetzt werden sollen, die Zeitdauer (kurzfristig, vorübergehend zur Abdeckung von Spitzen, Urlaub, befristet, unbefristet) oder bestimmen, dass nur Leiharbeitnehmer eingesetzt werden sollen, die einem bestimmten Tarifvertrag unterliegen. Darüber hinaus könnte die Anwendung von Equal Pay/Equal Treatment vereinbart werden. Somit kann ein Absenken des Entgeltniveaus im Betrieb und einer Ungleichbehandlung entgegen gewirkt werden. Hinsichtlich der Gestaltung von Arbeitsplatz, Arbeitsablauf und Arbeitsumgebung kann nur der Betriebsrat des Entleihers für die Leiharbeitnehmer tätig werden, da sich diese Tatbestände auf die Sphäre des Entleiherbetriebes beziehen.

6.3.10 Allgemeine personelle Angelegenheiten §§ 92 ff. BetrVG

Die §§ 92 – 95 BetrVG begründen für den Entleiherbetriebsrat ein Mitbestimmungsrecht in Bezug auf die Personalplanung, Beschäftigungssicherung, Ausschreibung von Arbeitsplätzen, Ausgestaltung von Personalfragebögen, Beurteilungsgrundsätzen und Auswahlrichtlinien. Diese Mitbestimmungsrechte gelten gleichermaßen für Stamm- und Leiharbeitnehmer, und es besteht eine alleinige Zuständigkeit des Entleiherbetriebsrates. Hintergrund der Mitbestimmungsrechte in allgemeinen personellen Angelegenheiten der §§ 92 ff. BetrVG ist die Absicht die vom Betriebsinhaber getroffenen Personalentscheidungen für den Betriebsrat und zugleich die Belegschaft transparenter zu machen. Dadurch wird eine erhöhte Akzeptanz angestrebt, die parallel dem Betriebsinhaber ihre Durchsetzung erleichtert. Vor allem vor dem Hintergrund der Beschäftigung von Leiharbeitnehmern kann eine derartige Transparenz für die Belegschaft hilfreich sein etwaige Vorurteile Leiharbeitnehmern gegenüber abzubauen.[297]

[297] Vgl. Schüren/*Hamann,* § 14 Rn. 384.

6.3.10.1 Personalplanung § 92 BetrVG

Durch § 92 BetrVG werden dem Entleiherbetriebsrat Unterrichtungs-, Beratungs- und Vorschlagsrechte eingeräumt. In Bezug auf Leiharbeitnehmer können diese Rechte bei der Personalplanung berührt werden, soweit hier der Einsatz von Leiharbeitnehmern beabsichtigt wird. Eine Legaldefinition des Begriffs Personalplanung bietet das Gesetz nicht. Die Personalplanung beinhaltet die Planung eines gegenwärtigen und künftigen Personalbedarfs in quantitativer und qualitativer Hinsicht.[298] Hierunter fallen die Planung des Personalbedarfs, der Personalbeschaffung, des Personaleinsatzes sowie der Personalentwicklung. Dabei hat der Arbeitgeber den Betriebsrat zwar über die Personalplanung zu informieren, jedoch diese nicht von sich aus mit dem Betriebsrat zu beraten.[299] In der Praxis wird das Mitbestimmungsrecht meist durch den beabsichtigten Einsatz von Leiharbeitnehmern als Vorhaltereserve aufgrund von urlaubs- oder krankheitsbedingter Abwesenheit oder anderweitigen Bedarfsspitzen ausgelöst. Darüber hinaus ist es denkbar, im Zuge der Personalplanung diverse Stammarbeitsplätze zukünftig dauerhaft mit Leiharbeitnehmern zu besetzen. Somit besteht das Mitbestimmungsrecht bei kurzfristiger sowie langfristiger Personalplanung.[300] In derartigen Fällen ist der Betriebsrat des Entleiherbetriebes vom Entleiher rechtzeitig und umfassend in Eigeninitiative, unter der Vorlage der entsprechenden Unterlagen, zu unterrichten[301] und ggf. darüber zu beraten. Zu diesen Unterlagen gehören die abstrakten Planungsunterlagen, etwaige Kontrolllisten über die Einsatztage und –zeiten von Fremdfirmenmitarbeitern sowie bereits abgeschlossene Überlassungsverträge zwischen Ent- und Verleiher.[302] Die Unterrichtung hat zu einem Zeitpunkt zu erfolgen, der vor dem konkreten Einsatz des Leihpersonals liegt, um dem Betriebsrat die Möglichkeit der Beratung und Beeinflussung zu geben. Daher fällt bereits die Planung des Einsatzes von Leihpersonal unter diese Bestimmung. Denn bereits die Planungsmaßnahmen können Auswirkungen auf die die Beschäftigungssituation der Stammarbeitnehmer haben.[303] Dazu ist darzulegen, welche Auswirkungen der konkrete Einsatz von Leiharbeitnehmern auf die Beschäftigungssituation der Stammarbeitnehmer haben wird, und ob ggf. Möglichkeiten zur Übernahme von Leiharbeitnehmern bestehen.[304]

---

[298] Vgl. Schaub, § 238 Rn. 2.

[299] BAG vom 6.11.1990, AP Nr. 3 zu § 92 BetrVG.

[300] Vgl. Ulber, § 14 Rn. 77.

[301] Vgl. Schüren/*Hamann,* § 14 Rn. 290.

[302] BAG vom 31.1.1989, AP Nr. 33 zu § 80 BetrVG 1972; BAG vom 9.7.1991, AP zu § 87 BetrVG 1897 Nr. 19 = RdA 1991, 383; Schüren/*Hamann,* § 14 Rn. 290.

[303] Vgl. Boemke/Lembke, § 14 Rn. 133.

[304] Vgl. Ulber, BASIS-AÜG, § 14 Rn. 192.

6.3.10.2 Beschäftigungssicherung § 92 a BetrVG

Unter dem Gesichtspunkt der Beschäftigungssicherung werden dem Entleiherbetriebsrat in § 92 a BetrVG Möglichkeiten eingeräumt, durch Vorschläge zur Sicherung und Förderung der Beschäftigung, selbst die Initiative zu ergreifen. Dabei ist § 92 a BetrVG weit reichender als § 80 Abs. 1 Ziff. 8 BetrVG und als nicht abschließend anzusehen. Darauf weist die Formulierung *„insbesondere"* hin, sodass der Entleiherbetriebsrat entsprechende Vorschläge auch für Leiharbeitnehmer vorbringen kann. Diese sind vom Entleiher mit dem Betriebsrat zu beraten und ggf. bei Ablehnung zu begründen § 92 a Abs. 2 BetrVG. In Betrieben mit mehr als 100 *„Arbeitnehmern"* muss gem. § 92 a Abs. 2 BetrVG die begründete Ablehnung schriftlich erfolgen.[305] Hier wäre es denkbar, die Leiharbeitnehmer bei diesem Schwellenwert mitzuzählen, da sie von der Ausübung des Mitbestimmungsrechts in Bezug auf die Beschäftigungssicherung neben den Stammbeschäftigten unmittelbar betroffen sind. Im Hinblick auf die Rechtsprechung des BAG[306] sind sie bei diesem Schwellenwert jedoch nicht zu berücksichtigen. Eine mögliche Maßnahme der Beschäftigungssicherung ist es Arbeitsplätze von Stammarbeitnehmern mit Leiharbeitnehmern zu besetzen et vice versa. Des Weiteren ist es denkbar Kriterien für eine eventuelle Übernahme von Leiharbeitern aufzustellen und derartige Übernahmen anzuregen oder auch Weiterqualifizierungen zu initiieren. Jedoch kann der Entleiherbetriebsrat zur Sicherung der Beschäftigungssituation der Stammmitarbeiter auch dahingehend beitragen, wenn er zur Vermeidung von Kündigungen oder ggf. Kurzarbeit den Abbau von Leiharbeit anregt. Grundsätzlich wird der Betriebsrat des Entleihers ein Interesse daran haben, im Betrieb vorhandene Arbeitsplätze mit Stammarbeitnehmern zu besetzen. Daher wird der Entleiherbetriebsrat grundsätzlich den Einsatz von Leiharbeitnehmern nicht initiieren. Da der Tatbestand der tatsächlichen Besetzung der Arbeitsplätze mit Stamm- oder Leiharbeitnehmern mitbestimmungsfrei bleibt, kann der Betriebsrat den Einsatz jedoch nicht verhindern. In diesem Zusammenhang besteht für ihn lediglich ein Vorschlagsrecht beim Einsatz von Leiharbeitnehmern ältere/jüngere/zuvor arbeitslose/behinderte u.ä. Personen zu fördern oder in ein Arbeitsverhältnis zu übernehmen.[307]

6.3.10.3 Ausschreibung von Arbeitsplätzen § 93 BetrVG

Der Entleiherbetriebsrat kann verlangen, dass zu besetzende Arbeitsplätze vor ihrer Besetzung innerhalb des Betriebs ausgeschrieben werden. Nach dem Wortlaut der Vorschrift besteht dieses Mitbestimmungsrecht immer dann, wenn *„Arbeitsplätze"* im Betrieb besetzt werden sollen. Folglich muss die Vorschrift auch Anwendung finden, wenn diese Arbeitsplätze mit betriebsfremden Arbeitnehmern besetzt werden sollen. Dies gilt vor allem, wenn

---

[305] Vgl. Körner, NZA 2006, S. 575.

[306] Vgl. Fußnote 186.

[307] Vgl. Schüren/*Hamann,* § 14 Rn. 291.

ein Arbeitsplatz mit einem Leiharbeitnehmer besetzt werden soll.[308] Hier kommt es nicht auf das Rechtsverhältnis an, über das die Vakanz besetzt werden soll, sondern auf die kollektive Schutzfunktion.[309] Abweichend dazu kann eine Ausschreibung unterbleiben, soweit von Anfang an feststeht, dass auf einem Arbeitsplatz dauerhaft Leiharbeitnehmer eingesetzt werden sollen. Dann ist die innerbetriebliche Ausschreibung nicht nötig, denn diese würde lediglich einen unnötigen Formalismus[310] darstellen.

6.3.10.4 Personalfragebogen/Beurteilungsgrundsätze § 94 BetrVG

Da Personalfragebögen und Beurteilungsgrundsätze ein wichtiges Mittel der Personalplanung darstellen, unterliegen diese grundsätzlich der Mitbestimmung des Betriebsrats. Es dürfen lediglich Fragen gestellt werden, an deren Beantwortung der Arbeitgeber ein berechtigtes Interesse hat.[311] Auf diese Weise sollen Eingriffe in die Persönlichkeitsrechte der Arbeitnehmer verhindert werden. Da der Betriebsrat des Entleiherbetriebes über § 75 Abs. 2 BetrVG auch die Persönlichkeitsrechte von Leiharbeitnehmern schützen muss, gilt § 94 BetrVG auch für diese, soweit sie Personalfragebögen ausfüllen müssen oder Beurteilungsgrundsätze für ihre Bewertung eingesetzt werden.[312] Hinsichtlich Leiharbeitnehmern kommt diese Vorschrift in Betracht, wenn der Entleiher bei der Auswahl des Zeitpersonals auf Personalfragebögen zurückgreift, oder dem Verleiher im Rahmen des Arbeitnehmerüberlassungsvertrages Vorgaben in Bezug auf die Person, die Eignung und spezielle Kenntnisse und Fähigkeiten machen kann.[313] Die Auswahl des zu überlassenden Arbeitnehmers obliegt zwar ebenso wie die generelle Beurteilung grundsätzlich dem Verleiher, aber nach Wegfall der Höchstüberlassungsdauer dürfte vorstehendes auch für den Entleiher größere Bedeutung erfahren. Und zwar immer dann, wenn der Leiharbeitnehmer ein gesteigertes Interesse an der Beurteilung seiner Arbeitsleistung durch den Entleiher hat. Derartige Beurteilungen, die meist in Form von Arbeitszeugnissen erteilt werden, könnten z.B. bei einer eventuellen Übernahme durch den Entleiher von Bedeutung sein. Allerdings ggf. auch während eines laufenden Einsatzes, um sich innerhalb dieses Einsatzes zu bewähren und die eigene Position zu verbessern. Immer jedoch bei einer Bewerbung auf dem freien Arbeitsmarkt. Bestehen im Verleiherbetrieb und im Entleiherbetrieb unterschiedliche Grundlagen für die Leistungsbeurteilung, so ist der Verleiher nicht verpflichtet bei der Erstellung eines Zwischen- oder Endzeugnisses der Beurteilung des Entleihers zu entsprechen. Zwar sind die dort erstellen Leistungsbeurteilungen Grundlage für ein beim Verleiher zu erstel-

[308] Vgl. Thüsing/*Thüsing*, § 14 Rn. 150.

[309] Vgl. Ulber, § 14 Rn. 79.

[310] LAG Niedersachsen vom 9.8.2006, BeckRS 2006, 44759; Thüsing/*Thüsing*, § 14 Rn. 150.

[311] Vgl. Wetzling, BV 1998, S. 121.

[312] Vgl. Boemke/Lembke, § 14 Rn. 136.

[313] Vgl. Ulber, § 14 Rn. 80.

lendes Arbeitszeugnis, jedoch kann der Verleiher eine Beurteilung nach den Grundsätzen des § 94 Abs. 1 BetrVG aufstellen, wie sie im Verleiherbetrieb gelten. Gegen eine Beurteilung i.S.d. § 94 Abs. 1 BetrVG besteht gem. § 84 ff. BetrVG ein Beschwerderecht. Bei Meinungsverschiedenheiten kann die Einigungsstelle angerufen werden.[314]

6.3.10.5 Auswahlrichtlinien § 95 BetrVG

Auswahlrichtlinien haben die Aufgabe, Auswahlentscheidungen transparenter zu machen und den Ermessenspielraum des Arbeitgebers einzuschränken.[315] Daher können mit Zustimmung des Betriebsrates Auswahlrichtlinien aufgestellt werden, welche grundsätzlich die personelle Auswahl bei Einstellung, Versetzung, Umgruppierung oder Kündigung im Entleiherbetrieb betreffen. Soweit im Zusammenhang mit dem Einsatz von Leiharbeitnehmern personelle Einzelmaßnahmen durchgeführt werden, die den konkreten Leiharbeitnehmer betreffen, entfalten die Auswahlrichtlinien auch für diese Gültigkeit.[316] Prinzipiell kommen im Entleiherbetrieb jedoch Auswahlrichtlinien über Umgruppierungen und Kündigungen nicht in Betracht, soweit von diesen Leiharbeitnehmer betroffen wären. Diese Maßnahmen korrespondieren mit dem Arbeitsvertrag, der im Verhältnis Entleiher/Leiharbeitnehmer gerade nicht besteht. Im Entleiherbetrieb sind daher Auswahlrichtlinien, welche die Überlassung oder Einstellung betreffen, der Hauptanwendungsbereich. Insbesondere in den Fällen, in denen Leiharbeitnehmer in ein Arbeitsverhältnis mit dem Entleiher übernommen werden sollen. Hier steht dem Entleiherbetriebsrat folglich das Mitbestimmungsrecht zu. Möglicher Inhalt derartiger Richtlinien könnte eine positive Berücksichtigung von Einsatzzeiten im Betrieb des Entleihers oder eine bevorzugte Übernahme von Schwerbehinderten, älteren oder schwervermittelbaren Arbeitnehmern sein. Ggf. kommen auch bestimmte fachliche Anforderungen in Betracht, die es vor einer Übernahme zu erfüllen gilt.[317] Derartige Richtlinien können dem Verleiherbetrieb aus Vereinfachungsgründen zugänglich gemacht werden, oder um eine effiziente Personalauswahl zu gewährleisten.[318] Außerdem ist es möglich über Auswahlrichtlinien bestimmte Voraussetzungen festzulegen, beispielsweise dass Leiharbeitnehmer nur auf bestimmten Arten von Arbeitsplätzen eingesetzt werden dürfen oder bestimmte Höchstquoten vereinbart werden. Auswahlrichtlinien betreffend der Versetzung von Leiharbeitnehmern, dürften kaum praktische Bedeutung besitzen, da die Arbeitsaufgabe des Leiharbeitnehmers im Arbeitnehmerüberlassungsvertrag nur grob beschrieben wird um gerade derartigen Problemstellung auszuweichen. Sollte entgegen dieser Praxis im Überlassungsvertrag eine Tätigkeit und deren Ar-

---

[314] Vgl. Ulber, § 14 Rn. 83.

[315] Vgl. FESTL, § 95, Rn. 7.

[316] Vgl. Ulber, BASIS-AÜG, § 14 Rn. 197.

[317] Vgl. Schüren/*Hamann,* § 14 Rn. 301.

[318] Vgl. Schüren/*Hamann,* § 14 Rn. 301.

beitsbereich konkret festgeschrieben sein, so ist der Einbezug des Leiharbeitnehmers in diesem Fall möglich. Vor allem vor dem Hintergrund der nunmehr dauerhaft möglichen Überlassung erscheint es wahrscheinlich, dass ein dauerhaft überlassener Leiharbeitnehmer im Zeitablauf, im Wege der Versetzung in verschiedenen Bereichen eingesetzt werden könnte. In Betrieben mit mehr als 500 Arbeitnehmern steht dem Betriebsrat darüber hinaus auch ein Initiativrecht zu, demnach kann dieser die Aufstellung derartiger Richtlinien verlangen.

6.3.11 Personelle Einzelmaßnahmen § 99 BetrVG i.V.m. § 14 Abs. 3 AÜG

Die Vorschrift des § 14 Abs. 3 AÜG verpflichtet den Entleiher dazu, vor jeder Übernahme eines Leiharbeitnehmers den dortigen Betriebsrat nach § 99 BetrVG zu beteiligen. Diese Vorschrift geht auf die richtungweisende Rechtsprechung des BAG[319] und die Erläuterungen zur Gesetzesbegründung zurück.[320] Damit sollte ausdrücklich bestätigt werden, dass die Beschäftigung von Leiharbeitnehmern als „Einstellung“ i.S.v. § 99 BetrVG zu werten ist, und folglich die dortigen Mitbestimmungsrechte des Betriebsrates im Entleiherunternehmen berührt werden.[321]

Es ist jedoch umstritten, ob es sich bei § 14 Abs. 3 AÜG um eine Rechtsfolgenverweisung oder eine Rechtsgrundverweisung handelt. Dabei verweist die Rechtsgrundverweisung sowohl auf die Voraussetzungen als auch die Rechtsfolgen des § 99 BetrVG. Damit wäre § 99 BetrVG nur anwendbar, wenn auch sämtliche Tatbestandsmerkmale erfüllt sind. Hier wäre das die Beschäftigung von mindestens 20 wahlberechtigten Arbeitnehmern. Im Gegensatz dazu wird bei der Rechtsfolgenverweisung lediglich auf die Rechtsfolgen der Norm § 99 BetrVG abgestellt. Die Voraussetzungen für das Eingreifen würden sich somit allein nach dem AÜG richten,[322] sodass die Vorschrift auch in Betrieben mit weniger als 20 wahlberechtigten Arbeitnehmern anzuwenden ist. Relevanz entfaltet die Frage nach der Rechtsfolgen- bzw. Rechtsgrundverweisung folglich in Betrieben, welche nicht mehr als 20 wahlberechtigte Arbeitnehmer aus § 99 BetrVG beschäftigten. Die Gesetzgebungsmaterialien beziehen sich auf die o.g. Entscheidung des BAG. In ihnen lassen sich jedoch keine Anhaltspunkte zur Relevanz der Betriebsgröße finden, denn die damalige Entscheidung bezog sich auf einen Großbetrieb.[323] Gerichtlich ist diese Frage bislang ungeklärt und der Gesetzeswortlaut des § 14 Abs. 3 AÜG ist nicht sehr ergiebig. Und auch das Schrifttum bietet kein einheitliches Bild. Dabei geht die h.M. von einer Rechtsfolgenverweisung

---

[319] BAG vom 14.5.1974, DB 1974, S. 1580 – 1581.

[320] BT-Ds. 9/847, S. 8 – 9.

[321] Vgl. Thüsing, § 14 Rn. 146.

[322] Vgl. Schüren, § 14 Rn. 141.

[323] BT-Ds. 9/847, S. 8 – 9.

aus,[324] und die gegenteilige Meinung von einer Rechtsgrundverweisung.[325] Zur Rechtfertigung der Rechtsfolgenverweisungstheorie wird angeführt, dass aufgrund des besonderen Status, den Leiharbeitnehmer innehaben, die kollektiven, materiellen Arbeitsbedingungen der Stammbelegschaft weitergehend betroffen sind, als bei der Begründung von Normalarbeitsverhältnissen in Form von Neueinstellungen. Deswegen ist es auch in Kleinbetrieben geboten, dem Betriebsrat das Mitbestimmungsrecht, und die damit verbundenen Zustimmungsverweigerungsgründe gem. § 99 Abs. 2 BetrVG, auch schon bei einer Betriebsgröße von unter 20 wahlberechtigten Arbeitnehmern zu gewähren.[326] Des Weiteren wird angeführt, die Erweiterung der Unterrichtungspflichten durch ihre nähere Ausgestaltung in § 14 Abs. 3 Satz 2 und 3 AÜG könnte darauf hindeuten, dass § 14 Abs. 3 AÜG als selbständige Regelung beim Einsatz von Leiharbeitnehmern verstanden werden sollte.[327] Diese Annahme führt aber dazu, dass bei der Neueinstellung von Stammpersonal der Betriebsrat nicht zu beteiligen wäre, bei dem Einsatz von Leihpersonal jedoch schon. Es fehlt ein sachlicher Grund dafür, in Betrieben mit weniger als den geforderten 20 wahlberechtigten Stammarbeitnehmern bei der Eingliederung eines Leiharbeitnehmers ein Mitbestimmungsrecht zuzusprechen, nicht aber bei der Eingliederung eines Stammarbeitnehmers. Insbesondere nach der Streichung der Höchstüberlassungsdauer und der Einführung des Gleichbehandlungsgebots in § 3 Abs. 1 Ziff. 3 AÜG rechtfertigt der Status des Leiharbeitnehmers die stärkere Mitbestimmung nicht mehr.[328] Da die Interessen einer Betriebsbelegschaft jedoch von einer Neueinstellung regelmäßig stärker tangiert werden sollten, als von dem vorübergehenden Einsatz von Fremdpersonal, kann diese Argumentation im Ergebnis nicht überzeugen. Es ist im Ergebnis von § 14 Abs. 3 AÜG als Rechtsgrundverweisung auszugehen, die auf den Schwellenwert in § 99 BetrVG abstellt. Somit wird in Betrieben mit mindestens 20 wahlberechtigten Arbeitnehmern das Mitbestimmungsrecht des Betriebsrats ausgelöst, soweit die Übernahme von Leiharbeitnehmern beabsichtigt ist.

6.3.11.1 Berechnung der Arbeitnehmerzahl

Bei dem Schwellenwert in § 99 BetrVG kommt es auf die Arbeitnehmerzahl im Unternehmen an. Danach sind bei dem Schwellenwert von 20 wahlberechtigten Arbeitnehmern, Leiharbeitnehmer nicht bei der Bestimmung mitzuzählen. Dies gilt auch soweit sie auf Dauerarbeitsplätzen eingesetzt sind und ihre Einsatzdauer mehr als drei Monate beträgt.[329]

---

[324] Vgl. Ulber, § 14 Rn. 134; ErfK/*Wank,* AÜG, §14 Rn. 18; Grimm/Brock, § 8 Rn. 26.

[325] Vgl. Schüren/*Hamann,* § 14 Rn. 144; Boemke/Lembke, § 14 Rn. 98.

[326] Vgl. Ulber, § 14 Rn. 134.

[327] Vgl. Schüren, § 14 Rn. 143.

[328] Vgl. Wensing/Freise, BB 2004, S. 2238.

[329] Vgl. a.A. Schüren, § 14 Rn. 145 a; Jüttner, S. 209.

6.3.11.2 Übernahme

Unter Übernahme i.S.d. § 99 BetrVG ist die Eingliederung des Leiharbeitnehmers im Entleihunternehmen, durch dessen tatsächliche Beschäftigung zu verstehen, ohne dass es einer vertraglichen Beziehung zwischen Entleiher und Leiharbeitnehmer bedarf. Der zeitlich vorhergehende Abschluss des Arbeitnehmerüberlassungsvertrags löst hingegen noch keine Beteiligungsrechte des Betriebsrats aus,[330] denn dieser berührt nicht die Interessen der Stammbelegschaft.[331] Die Zustimmungspflicht des Betriebsrats wird folglich erst mit der tatsächlichen Beschäftigung ausgelöst.

6.3.11.3 Dauer des Überlassungsverhältnisses bzw. Austausch

Aus dem o.g. folgt, dass jeder Einsatz eines Leiharbeitnehmers zustimmungspflichtig ist, egal welchen Zeitraum er abdecken soll. Auch bei einer Beschäftigung, die über den ursprünglich vorgesehenen Zeitpunkt hinaus verlängert werden soll, ist eine erneute Beteiligung des Entleiherbetriebsrates notwendig,[332] denn eine Verlängerung steht einer erneuten Übernahme gleich.[333] Auch der reine Austausch eines Leiharbeitnehmers begründet eine Zustimmungspflicht, obwohl der Verleiher in der Regel nur eine nach Qualifikation und Anzahl bestimmte Überlassung schuldet. An der Überlassung als solcher, und der damit verbundenen Einsatzdauer bzw. dem Einsatzort des Leiharbeitnehmers, ändert sich zwar nichts. Es ändern sich jedoch die persönlichen Daten bzw. die Personalien des Leiharbeitnehmers. Folglich ist jeder Austausch eines Leiharbeitnehmers mitbestimmungspflichtig, weil das Mitbestimmungsrecht des § 99 BetrVG ein personenbezogenes Recht darstellt.[334] Für die Praxis empfiehlt sich daher der Abschluss von Betriebsvereinbarungen, die bei einem unvorhergesehenen Austausch erst die nachträgliche Information des Betriebsrates vorsehen.[335] Gründe für den Austausch eines Leiharbeitnehmers können in der Person des Leiharbeitnehmers liegen. Dazu zählen Krankheit, Urlaub oder das Ausscheiden aus dem Verleiherbetrieb, oder sie sind beim Verleiher zu finden, wie bspw. ein anderweitiger vorrangiger Einsatz bei einem anderen Entleiher. In der Praxis am häufigsten ist jedoch der Austausch auf Wunsch des Entleihers aufgrund von fehlenden bzw. falschen Qualifikationen oder Fehlverhalten im Betrieb des Entleihers.[336] Etwas anderes gilt jedoch, wenn der Verleiher im Überlassungsvertrag einen bestimmten, namentlich benannten Leiharbeitneh-

---

[330] Vgl. Wensing/Freise, BB 2004, S. 2239; Pollert/Spieler, S. 179.

[331] Vgl. Schüren/*Hamann,* § 14 Rn. 147.

[332] Vgl. Wensing/Freise, BB 2004, S. 2238; a.A. Hunold, NZA-RR 2008, S. 281.

[333] Vgl. Schüren/*Hamann,* § 14 Rn. 149.

[334] LAG Hessen vom 16.1.2007, jurisPR-ArbR 27/2007.

[335] Vgl. Frensch, S. 55.

[336] Vgl. Schüren/*Hamann,* § 14 Rn. 151.

mer zur Arbeitsleistung zur Verfügung zu stellen hat. Hier erstreckt sich die Unterrichtungspflicht auf die erstmalige Übernahme, sowie auf den Austausch, der wiederum eine Übernahme darstellt.[337] Soll der Leiharbeitnehmer in ein Arbeitsverhältnis mit dem Entleiher übernommen werden, so steht dem Betriebsrat das Beteiligungsrecht des § 99 BetrVG erneut zu. Diesmal handelt es sich jedoch nicht um eine Übernahme i.S.d. § 14 Abs. 3 AÜG, sondern um eine Einstellung i.S.d. § 99 BetrVG,[338] welche die Interessen der Belegschaft des einstellenden Unternehmens in anderer Weise berührt, als die Übernahme aufgrund des Arbeitnehmerüberlassungsvertrages.[339]

6.3.11.4 Umfang der Unterrichtung

Der Inhalt des Mitbestimmungsrechts nach § 14 Abs. 3 Satz 1 AÜG bestimmt sich nach § 99 BetrVG. Folglich ist der Betriebsrat vom Entleiher umfassend, unter Vorlage bestimmter Unterlagen, über den geplanten Einsatz zu unterrichten. Anschließend hat der Betriebsrat eine Wochenfrist zur Stellungsnahme. Folglich sollte die Unterrichtung mindestens eine Woche vor dem geplanten Einsatztermin stattfinden, und zu Dokumentationssicherung stets schriftlich erfolgen. Der Umfang der Auskunftspflicht ist höchstrichterlich noch nicht geklärt und bislang in der Literatur umstritten. Dabei hat das BAG erklärt, dass sich aus der Natur der Arbeitnehmerüberlassung andere Auskunftspflichten ergeben, als gegenüber der Einstellung eines Stammarbeitnehmers.[340] An diese Rechtsprechung soll mit der Vorschrift § 14 Abs. 3 Satz 1 AÜG angeknüpft werden. Es ist davon auszugehen, dass aufgrund der Natur des Überlassungsvertrages, der Entleiher nicht verpflichtet ist, den Betriebsrat über die persönlichen Daten des Leiharbeitnehmers zu unterrichten, oder ihm die Bewerbungsunterlagen vorzulegen. Ggf. liegen dem Verleiher die persönlichen Daten bei Abschluss des Arbeitnehmerüberlassungsvertrages selbst noch nicht vor, soweit nicht ausnahmsweise die Überlassung eines ganz bestimmten Leiharbeitnehmers vereinbart wird. Dann ist bei der erstmaligen Übernahme und bei einem Austausch der Entleiherbetriebsrat über die Person des einzustellenden Arbeitnehmers zu unterrichten.[341] Ebenso wenig ist der Entleiherbetriebsrat über die zwischen Ver- und Entleiher geltenden Arbeitsbedingungen oder Lohngruppen, und die damit einhergehende Lohnhöhe, zu unterrichten. Regelungen, die das arbeitsvertragliche Grundverhältnis betreffen fallen regelmäßig in den Verantwortungsbereich des Verleiherbetriebsrats. Dies gilt ebenfalls, soweit die Grundsätze von Equal Pay und Equal Treatment angewandt werden.[342] Das Auskunftsrecht des Entleiherbetriebs-

---

[337] Vgl. Wensing/Freise, BB 2004, S. 2239.

[338] Vgl. Schüren/*Hamann,* § 14 Rn. 152; Thüsing/*Thüsing,* § 14 Rn. 161.

[339] Vgl. Schüren/*Hamann,* § 14 Rn. 152.

[340] BAG vom 14.5.1974, DB 1974, S. 1974, 1580, 1581; BAG vom 6.6.1978, DB 1978, S. 1841–1842.

[341] Vgl. Hunold, NZA-RR 08, S. 282.

[342] Vgl. Wensing/Freise, BB 2004, S. 2240.

rats erstreckt sich auf Informationen über Anzahl und Qualifikation der Leiharbeitnehmer und die Arbeitsplätze, auf denen diese beschäftigt werden sollen, wie lange die voraussichtliche Einsatzdauer ist und den Einstellungstermin. Darüber hinaus ist der Betriebsrat darüber zu unterrichten, welche Auswirkungen sich für die Stammbelegschaft ergeben.[343] Dies können der Abbau von Überstunden, eine Begleitung der Leiharbeitnehmer in der Einarbeitungsphase oder die Zuteilung von Arbeitskleidung bzw. Werkzeuge sein. Ist jedoch die Person des Leiharbeitnehmers ausdrücklich im Überlassungsvertrag festgelegt, so sind die persönlichen Daten dem Entleiherbetriebsrat mitzuteilen. Es besteht ggf. eine Erkundigungspflicht des Entleihers gegenüber dem Verleiher. Dabei ist der Entleiher aus den dem Überlassungsvertrag entspringenden Nebenpflichten zur Auskunft verpflichtet.[344] Die Beweggründe oder ein Personalkonzept für die Beschäftigung von Leiharbeitnehmern oder die Aufzählung von Alternativen bzw. dessen Fehlen, sind dem Entleiherbetriebsrat nicht mitzuteilen. Die Arbeitnehmerüberlassung soll gerade vor dem Hintergrund der Beschäftigungsförderung auch als Mittel einer langfristigen Personalplanung der Betriebsinhaber betrachtet werden.[345]

6.3.11.5 Umfang der Vorlagepflichten

Der Entleiher hat dem Betriebsrat die erforderlichen Unterlagen vorzulegen und ggf. für eine Woche auszuhändigen.[346] Dazu gehört die schriftliche Erklärung nach § 12 Abs. 1 Satz 2 AÜG des Verleihers, wonach der über die erforderliche Überlassungserlaubnis verfügt und die Informationspflicht nach § 12 Abs. 1 Satz 2 AÜG bzgl. etwaiger Änderungen. Im Falle einer fehlenden bzw. entzogenen Überlassungserlaubnis würde ein Arbeitsverhältnis zum Entleiher gem. § 10 Abs. 1 AÜG fingiert, und der Entleiherbetriebsrat in vollem Umfang für den Leiharbeitnehmer zuständig. Diese Überlassungserlaubnis ist Bestandteil des Arbeitnehmerüberlassungsvertrages. Folglich ist die Frage zu klären, ob diese im Sinne des § 99 Abs. 1 Satz 1, Hs. 2 BetrVG i.S.d. *„erforderlichen Unterlagen“* vorzulegen ist. Auch dazu bieten Rechtsprechung und Schrifttum kein einheitliches Bild.[347] Da in der Praxis die Zusammenarbeit eines Arbeitgebers mit mehreren Zeitarbeitsunternehmen möglich ist, wird der Entleiher im Regelfall mit demjenigen Zeitarbeitsunternehmen einen Arbeitnehmerüberlassungsvertrag schließen, welches zur gewünschten Zeit das gewünschte Personal überlassen kann. Daher ist es praxisfern zum Zeitpunkt der Unterrichtung des Betriebsrates die Überlassungsverträge vorzulegen, da zu diesem Zeitpunkt meinst noch nicht vorhersehbar ist mit welchem Unternehmen, zu welchen Konditionen der Ver-

---

343 Vgl. Wensing/Freise, BB 2004, S. 2240; Etzel, Betriebsverfassungsrecht, Rn. 748.

344 Vgl. Schüren/*Hamann,* § 14 Rn. 161.

345 Vgl. Wensing/Freise, BB 2004, S. 2240; a.A. Ulber, § 14 Rn. 156.

346 BAG vom 3.12.1985, AP Nr. 29 zu 99 BetrVG 1972 = BB 1986, S. 876.

347 zustimmend BAG vom 6.6.1978, DB 1978, S. 1841–1842; ablehnend GK-BetrVG, Kraft/Raab, § 99 Rn. 91; Wensing/Freise, BB 2004, S. 2241.

trag zustande kommen wird.[348] Die Vorlagepflicht erstreckt sich jedoch keinesfalls auf die Verträge der Leiharbeitnehmer mit ihrem Vertragsarbeitgeber, denn der Inhalt des Arbeitsvertrages berührt in keiner Weise die Sphäre des Entleiherbetriebs. Gleiches gilt für Abreden über die Höhe der Überlassungsvergütung zwischen Ver- und Entleiher.[349]

6.3.11.6 Rechtsfolgen bei Nichtbeachtung der Unterrichtungspflichten

Kommt der Entleiher seinen Unterrichtungspflichten nicht vollständig nach, wird die Frist zur Stellungsnahme nicht ausgelöst und auch die Zustimmungsfiktion des § 99 Abs. 3 Satz 2 BetrVG kann nicht greifen. Sofern der Entleiher den Leiharbeitnehmer dennoch tätig werden lässt, verhält er sich betriebsverfassungswidrig. Obwohl § 14 Abs. 3 Satz 1 AÜG nur auf § 99 BetrVG verweist, sind auch die aufbauenden Folgeregelungen der §§ 100, 101 BetrVG anwendbar.[350] Diese bilden das Mitbestimmungsrecht des § 99 BetrVG flankierende Sicherungsmöglichkeiten. Der Entleiherbetriebsrat kann folglich das Verfahren nach § 101 BetrVG einleiten und die Leiharbeit verhindern. In der Rechtsfolge kommt der Entleiher in Annahmeverzug, da er die im Überlassungsvertrag vertraglich zugesicherte Zuweisung von Arbeit an den Leiharbeitnehmer nicht erfüllt hat. Rechtsgrundlage bilden § 326 Abs. 2 i.V.m. §§ 293 ff. BGB,[351] daneben handelt der Entleiher auch noch ordnungswidrig i.S.v. § 121 BetrVG. § 14 Abs. 3 Satz 2 und 3 AÜG erweitert die allgemeine Unterrichtungspflicht nach § 14 Abs. 3 Satz 1 AÜG. Ein Verstoß löst dieselben Rechtsfolgen aus, wie ein Verstoß gegen § 99 BetrVG, ist jedoch nicht bußgeldbewehrt.[352]

6.3.11.7 Zustimmungsverweigerungsgründe

Dem Entleiherbetriebsrat ist es möglich die geplante Übernahme von Leiharbeitnehmern zu verhindern bzw. zu verzögern, wenn er ihr ordnungsgemäß widerspricht. Diese Zustimmungsverweigerung ist dem Entleiher form- und fristgerecht i.S.d. § 99 Abs. 3 Satz 1 BetrVG unter Angabe der Gründe mitzuteilen. Als Verweigerungsgründe kommen die in § 99 Abs. 2 BetrVG abschließend genannten Gründe in Betracht. Allgemeine arbeitsmarkt- oder sozialpolitische Gründe können ebenso wenig wie eine generelle Ablehnung der Leiharbeit geltend gemacht werden.[353]

---

[348] Vgl. Hunold, NZA-RR 08, S. 283.

[349] Vgl. Schüren/*Hamann,* § 14 Rn. 166; Pollert/Spieler, S. 181.

[350] Vgl. Thüsing/*Thüsing,* § 14 Rn. 175; Urban-Crell/*Schulz,* Rn. 1110.

[351] Vgl. Thüsing/*Thüsing,* § 14 Rn. 175.

[352] Vgl. Schüren/*Hamann,* § 14 Rn. 176, 179.

[353] Vgl. Wensing/Freise, BB 2004, S. 2241.

- **Verstoß gegen Rechtsvorschriften**

Nach § 99 Abs. 2 Ziff. 1 BetrVG kann der Betriebsrat des Entleihunternehmens seine Zustimmung verweigern, soweit die personelle Maßnahme selbst ein Gesetz, eine Verordnung oder eine Unfallverhütungsvorschrift verletzt.[354] Dabei gilt der Grundsatz, dass das Zustimmungsverweigerungsrecht den Leiharbeitnehmer nicht gegen jeden Nachteil schützen kann, sondern nur gegen die, welche die Folge der mitbestimmungspflichtigen Maßnahme selbst sind.[355] Eine Zustimmungsverweigerung ist auch möglich, soweit ein Verstoß gegen das AÜG vorliegt, wie etwa das Fehlen der Überlassungserlaubnis oder eine unerlaubte Überlassung nach § 1 b Satz 2 und 3 AÜG im Baugewerbe, die nicht ausnahmsweise gestattet ist.[356] Gesetzeswidrige Abreden im Vertrag zwischen Leiharbeitnehmer und Verleiherbetrieb lösen hingegen kein Zustimmungsverweigerungsrecht aus, denn die Interessen des Entleihunternehmens sind durch derartige Abreden nicht berührt.[357] Die Kontrollfunktion des Vertragsinhaltes wird durch den Betriebsrat des Verleihers wahrgenommen.[358] Der Entleiherbetriebsrat ist gerade nicht für eine Inhaltskontrolle der Leiharbeitsverträge zuständig.[359] Soweit Verstöße gegen Tarifverträge oder Betriebsvereinbarungen im Entleiherbetrieb vorliegen, ist die Zustimmungsverweigerung gerechtfertig, soweit diese Regelungen im Zusammenhang mit dem Einsatz von Leiharbeitnehmern enthalten.[360] In Betracht kommt hier das Übersteigen von Höchstquoten oder Höchstüberlassungsdauern, soweit der geplante Einsatz diese überschreiten sollte. Dagegen hat der Betriebsrat des Entleiherbetriebes nach Wegfall der zeitlichen Höchstüberlassungsdauer kein Zustimmungsverweigerungsrecht i.S.d. § 99 Abs. 2 Ziff. 1 BetrVG mehr, soweit die Arbeitnehmerüberlassung in ihrer beabsichtigten Dauer unbegrenzt erfolgen soll.[361] Dies steht ihm auch nicht zu, soweit die Übernahme auf einen wiederholt mit Leiharbeitnehmern besetzten Dauerarbeitsplatz erfolgen soll.[362]

- **Verstoß gegen eine Auswahlrichtlinie**

Soweit Leiharbeitnehmer nicht ausdrücklich vom Geltungsbereich der im Entleiherbetrieb bestehenden Auswahlrichtlinien ausgenommen sind, werden diese auch für sie entspre-

[354] Vgl. Schüren/*Hamann,* § 14 Rn. 181; Hunold, NZA-RR 08, S. 283.

[355] BAG vom 16.7.1985, AP Nr. 21 zu § 99 BetrVG 1972 = BB 1986, S. 525 f..

[356] Vgl. Wetzling, BV 1998, S. 116.

[357] Vgl. Schüren/*Hamann,* § 14 Rn. 181.

[358] Vgl. Hamann, NZA 2003, S. 533.

[359] BAG vom 6.6.1978, DB 1978, S. 1841 – 1842.

[360] Vgl. Wensing/Freise, BB 2004, S. 2242.

[361] BAG vom 25.1.2005, NZA 2005, 1199.

[362] BAG vom 12.11.2002, NZA 2003, 513.

chend angewandt. Auswahlrichtlinien können für den Einsatz von Leiharbeitnehmern besondere Voraussetzungen aufstellen, oder ihn vollständig ausschließen.[363]

- **Benachteiligung von Stammarbeitnehmern**

Der Entleiherbetriebsrat hat nach § 99 Abs. 2 Ziff. 3 BetrVG ebenfalls ein Zustimmungsverweigerungsrecht, soweit konkrete Anhaltspunkte dafür bestehen, dass die Übernahme eines Leiharbeitnehmers eine Beendigungs- oder Änderungskündigung zum Nachteil eines Stammarbeitnehmers bedingen könnte. Außerdem kommen diesbezüglich auch die Versetzung eines Stammarbeitnehmers i.V.m. Lohn/ Gehaltseinbußen oder ein erheblicher Mehraufwand durch die ständige Einarbeitung neuer Leiharbeitnehmer in Betracht.[364] Soweit die personelle Maßnahme eine Begrenzung zukünftiger Aufstiegschancen der Stammarbeitnehmer mit sich bringt, ist nur von einem Nachteil i.S.d. Vorschrift auszugehen, soweit bereits eine geschützte Rechtsposition dieses Stammarbeitnehmers bestand. Diese kann z.B. in Form der mündlichen Zusage des Arbeitgebers oder einem Anspruch auf Gleichbehandlung erwachsen.[365] Dagegen werden befristet beschäftigte Stammarbeitnehmer durch den Einsatz von Leiharbeitnehmern regelmäßig nicht i.S.d. § 99 Abs. 2 Ziff. 3 BetrVG benachteiligt.[366] Der Betriebsrat kann keinen Anspruch auf die bevorzugte Einstellung eines befristet Beschäftigten Stammarbeitnehmern gegenüber einem vertraglich unbefristeten Leiharbeitnehmer geltend machen.[367]

- **Benachteiligung des Leiharbeitnehmers**

Soweit die Gefahr besteht, dass ein Leiharbeitnehmer durch den konkreten Einsatz im Entleiherbetrieb ungerechtfertigt benachteiligt werden würde, steht dem Entleiherbetriebsrat ebenfalls ein Zustimmungsverweigerungsrecht nach § 99 Abs. 2 Ziff. 4 BetrVG zu. Dafür genügt jedoch nicht nur ein gesetzwidriges Verhalten des Verleihers. Hinzukommen muss bspw. eine gesetzwidrige Behandlung durch Verstoß gegen § 75 BetrVG. Soweit der Verleiher lediglich gegen das Equal Pay Gebot verstößt, ihm schlechtere Arbeitsbedingungen gewährt oder den Leiharbeitnehmer zu besonders schweren bzw. schmutzigen Arbeiten überlässt, steht dem Entleiherbetriebsrat kein Zustimmungsverweigerungsrecht zu, denn dabei handelt es sich um Nachteile aus dem Leiharbeitsverhältnis selbst.[368] Soweit der Leiharbeitnehmer jedoch zu anderen, als im Überlassungsvertrag vereinbarten Arbeiten herangezogen werden soll, steht dem Betriebsrat das Zustimmungsverweigerungsrecht zu.

---

[363] Vgl. Ulber, GK-AÜG, § 14 Rn. 262; Wensing/Freise, BB 2004, S. 2242.

[364] Vgl. Schüren/*Hamann,* § 14 Rn. 202, Wensing/Freise, BB 2004, S. 2242 – 2243.

[365] Vgl. Schüren/*Hamann,* § 14 Rn. 202; Hunold, NZA-RR 2008, S. 284.

[366] BAG vom 25.1.2005, NZA 2005, 1199.

[367] Vgl. Körner, NZA 2006, S. 575.

[368] Vgl. Schüren/*Hamann,* § 14 Rn. 203; Wensing/Freise, BB 2004, S. 2243.

Denn hier würden sich Nachteile direkt aus der Übernahme und nicht aus der Gestaltung des Leiharbeitsverhältnisses ergeben.[369]

- **Fehlende Stellenausschreibung**

Soweit der Betriebsrat bei innerbetrieblichen Stellenausschreibungen die Ausschreibung innerhalb des Betriebes gem. § 93 BetrVG verlangt und ein Leiharbeitnehmer ohne eine vorhergehende Stellenausschreibung eingesetzt werden soll, besteht das Zustimmungsverweigerungsrecht nach § 99 Abs. 2 Ziff. 5 BetrVG.[370] Auch bei sehr kurzfristigen Arbeitseinsätzen[371] und bei der Besetzung von Stellen, die an Leiharbeitnehmer vergeben werden sollen,[372] gilt dies entsprechend. Die Notwendigkeit der Ausschreibung wird damit begründet, dass *„zunächst die im Betrieb vorhandenen personellen Möglichkeiten aktiviert"* werden sollen, um eine *„Verärgerung der Belegschaft über die Hereinnahme von Außenstehenden"* entgegenzuwirken. Der Betriebsrat hat jedoch keinen Zustimmungsverweigerungsgrund, soweit er einen internen Bewerber für qualifizierter hält. Jedoch kann Zustimmungsverweigerung dann ggf. auf § 99 Abs. 2 Ziff. 2 BetrVG, wegen Verstoßes gegen eine Auswahlrichtlinie, gestützt werden.[373]

- **Störung des Betriebsfriedens**

Soweit begründete Anhaltspunkte dafür vorliegen, dass durch die Übernahme eines Leiharbeitnehmern der Betriebsfrieden gestört wird, ist ein Zustimmungsverweigerungsrecht in § 99 Abs. 2 Ziff. 6 BetrVG vorgesehen. Zur Ausübung dieses Rechts ist es jedoch zwingend erforderlich, dass die befürchtete Störung vom zu übernehmenden Leiharbeitnehmer selbst ausgehen muss, die pauschale Vermutung von Unruhen aufgrund des Einsatzes ist nicht ausreichend,[374] ebenso wenig eine erwartete ablehnende Reaktion von Stammmitarbeitern.[375] Eine derartige Störung des Betriebsfriedens kommt nur aufgrund konkreter Erfahrungen in Betracht. Persönliche Einstellungen, wie bspw. Religionszugehörigkeit oder die sexuelle Ausrichtung, reichen nicht aus.[376] Konkrete Erfahrungen können grundsätzlich nur aus früheren negativ auffälligen Verhaltensweisen bei vorhergehenden Einsätzen, in diesem oder einem anderen Betrieb, in Frage kommen. Für die Praxis dürfte dieses Zustimmungsverweigerungsrecht jedoch keine starke Bedeutung entfalten, da aufgrund des Wesens der Arbeitnehmerüberlassung dem Entleiher die Identität des Leiharbeitnehmers

---

[369] Vgl. Wensing/Freise, BB 2004, S. 2243.

[370] Vgl. Schüren/*Hamann,* § 14 Rn. 173; Boemke/Lembke, § 14 Rn. 112.

[371] Vgl. Hunold, NZA-RR 08, S. 282.

[372] ArbG Detmold vom 12.9.2007, AiB 2007, S. 279.

[373] Vgl. Boemke/Lembke, § 14 Rn. 112.

[374] Vgl. Ulber, § 14 Rn. 179; Boemke/Lembke, § 14 Rn. 113; Wetzling, BV 1998, S. 115.

[375] Vgl. Schüren/*Hamann,* § 14 Rn. 206, Boemke/Lembke, § 14 Rn. 112.

[376] Vgl. FESTL, § 99 Rn. 254.

grundsätzlich bis zum tatsächlichen Einsatzzeitpunkt nicht bekannt ist. Üblicherweise erfährt der Entleiher die Personalien des zur Arbeitsleistung überlassenen erst kurzfristig vor oder bei der Übernahme.

6.3.11.8 Folgen der Zustimmungsverweigerung

Der Entleiherbetriebsrat hat mehrere Möglichkeiten auf die Unterrichtung gem. § 99 Abs. 2 BetrVG zu reagieren. Er kann der personellen Einzelmaßnahme zustimmen, oder er kann seine Zustimmung verweigern, soweit er einen in § 99 Abs. 2 BetrVG genannten Zustimmungsverweigerungsgrund geltend macht. Soweit der Verweigerungsgrund den Anforderungen der § 2 Abs. 1 BetrVG und § 99 Abs. 3 Satz 2 BetrVG entspricht, darf der Leiharbeitnehmer grundsätzlich nicht beschäftigt werden. Ist der Entleiher jedoch der Ansicht, dass der angegebene Verweigerungsgrund nicht besteht, kann der Entleiher an der personellen Maßnahme nur noch festhalten, soweit er beim Arbeitsgericht die Zustimmungsersetzung gem. § 99 Abs. 4 BetrVG beantragt. Bis zur gerichtlichen Entscheidung über die Zustimmungsersetzung ist der Einsatz von Leiharbeitnehmern jedoch nicht möglich.[377] Äußert sich der Entleiherbetriebsrat nicht, wird nach § 14 Abs. 3 AÜG i.V.m. § 99 Abs. 3 Satz 2 BetrVG die Zustimmung fingiert. In der Rechtsfolge kann der Entleiher den Leiharbeitnehmer wie geplant beschäftigen, da die Nichtäußerung als Zustimmung gewertet wird. Soweit der Entleiher die Übernahme als so dringlich betrachtet, dass der Ausgang des Verfahrens nicht abgewartet werden kann, kommt eine vorläufige personelle Maßnahme zur Beschäftigung des Leiharbeitnehmers nach § 100 BetrVG in Betracht. Diese muss allerdings aus sachlichen Gründen dringend erforderlich sein. Soweit der Betriebsrat der Übernahme eines Leiharbeitnehmers nicht zugestimmt hat und der Entleiher keine Maßnahme nach § 100 BetrVG einleitet, den Leiharbeitnehmer aber trotzdem zur Arbeitsleistung einsetzt, kann der Einsatz nach § 101 BetrVG durch das Arbeitsgericht aufgehoben werden.[378] Umstritten ist, ob der Entleiherbetriebsrat von der Möglichkeit gebrauch machen kann, den tatsächlichen Einsatz des Leiharbeitnehmers durch eine einstweilige Verfügung unterbinden zu lassen.[379] Bei wiederholter Zuwiderhandlung des Entleihers, kommt ein vorbeugender Unterlassungsanspruch nach § 23 Abs. 3 BetrVG aufgrund eines groben Verstoßes gegen das Mitbestimmungsrecht des Entleiherbetriebsrats in Betracht. Dies gilt auch soweit der Entleiher Leiharbeitnehmer wiederholt über den im Voraus vereinbarten Beschäftigungszeitraum einsetzt.[380]

---

[377] Vgl. Schüren/*Hamann,* § 14 Rn. 208; Wensing/Freise, BB 2004, S. 2244.

[378] Vgl. Schüren/*Hamann,* § 14 Rn. 187.

[379] Vgl. Schüren/*Hamann,* § 14 Rn. 209; a.A. Ulber, § 14 Rn. 183a.

[380] Vgl. Thüsing/*Thüsing,* § 14 Rn. 175, Schüren/*Hamann,* § 14 Rn. 209.

6.3.11.9 Fehlerhafte Unterrichtung des Betriebsrats

Wurde der Betriebsrat hingegen nicht ordnungsgemäß unterrichtet, so greifen die allgemeinen Rechtsfolgen gem. § 99 Abs. 3 BetrVG. Hier kann die Stellungnahmefrist nicht in Gang gesetzt werden und die Zustimmungsfiktion entfällt. Um den Lauf der Frist in Gang zu setzen, muss der Entleiher die Unterrichtung nachholen.[381] Die Verletzung der Unterrichtungspflicht gem. § 99 Abs. 1 BetrVG stellt eine Ordnungswidrigkeit dar, die ggf. mit einer Geldbuße geahndet werden kann.

6.3.12 Leiharbeitnehmer-Pools

Die Zeitarbeitsunternehmen haben in der Weiterentwicklung ihrer Dienstleistung sog. „Leiharbeitnehmerpools mit Selbstbedienungsrecht des Entleihers" entwickelt.[382] Bei dieser Form der Arbeitnehmerüberlassung wir ein kompletter Leiharbeitnehmer-Pool überlassen, aus dem sich der Entleiher bedarfsgerecht mit Personal versorgen kann. Im Hinblick auf die Mitbestimmungsrechte in § 99 BetrVG ist nicht die Aufnahme eines Leiharbeitnehmers in diesen Pool sondern der tatsächliche Einsatz eine Übernahme i.S.d. § 14 Abs. 3 AÜG.[383]

6.3.13 Versetzung

Soweit dem Leiharbeitnehmer im Entleiherbetrieb ein anderer Arbeitsplatz zugewiesen wird, kann der Tatbestand der Versetzung i.S.d. §§ 99 Abs. 1, 95 Abs. 3 BetrVG erfüllt sein.[384] Dies würde ein entsprechendes Beteiligungsrecht des Entleiherbetriebsrats auslösen. Im Hinblick auf § 95 Abs. 3 Satz 2 BetrVG ist bei Leiharbeitnehmern aufgrund der Eigenart ihres Arbeitsverhältnisses jedoch nur in wenigen Fällen von einer Versetzung auszugehen, bspw. soweit die tatsächliche Beschäftigung des Leiharbeitnehmers in ihrer Ausgestaltung, den Aufgabengebieten oder des Erfüllungsortes von den im Überlassungsvertrag vereinbarten Merkmalen abweicht.[385] In der Praxis werden die Aufgaben der Leiharbeitnehmer grundsätzlich im Arbeitnehmerüberlassungsvertrag nur grob beschrieben. Ist dies der Fall, wird das Mitbestimmungsrecht bei Versetzungen regelmäßig nicht zur Anwendung kommen können. Wird der Leiharbeitnehmer hingegen zur Erfüllung einer genau bestimmten Arbeitsaufgabe überlassen z.B. Vertretung eines bestimmten ausgefallenen Stammarbeitnehmers, so kommt es darauf an, ob die Maßnahme voraussichtlich länger als einen Monat andauern wird und ob die Zuweisung des anderen Arbeitsbereiches eine er-

---

[381] Vgl. Wensing/Freise, BB 2004, S. 2244.

[382] Vgl. Hamann, NZA 2008, S. 1044.

[383] Vgl. Hamann, NZA 2008, S. 1042.

[384] Vgl. Schüren/*Hamann,* § 14 Rn. 307; Thüsing/*Thüsing,* § 14 Rn. 160.

[385] Vgl. Hamann, NZA 2003, S. 533.

hebliche Änderung der Umstände mit sich bringt.[386] In der Praxis wird dieses Mitbestimmungsrecht bei langfristigen Überlassungen öfter ausgelöst werden, als bei Kurzeinsätzen.

6.3.14 Ein- und Umgruppierung

Eine erstmalige Einstufung in eine Lohngruppe, oder deren Änderung knüpfen an den Vergütungsanspruch des Leiharbeitnehmers an. Dieser besteht nur gegenüber dem Verleiher, sodass der Betriebsrat des Entleihers diesbezüglich keinerlei Mitbestimmungsrechte geltend machen kann. Für die Kontrolle der richtigen Einstufung in eine bestehende Vergütungsordnung ist immer der Verleiherbetriebsrat zuständig.[387] Der Entleiherbetriebsrat kann ggf. die stärkere Sachnähe mitbringen, weil er den täglichen Umgang mit einem vorhandenen Vergütungssystem gewohnt ist. Der Entleiher hat im Überlassungsvertrag nach § 12 Abs. 1 Satz 3 AÜG dem Verleiher alle im Zusammenhang mit der Vergütung maßgeblichen Umstände mitzuteilen, sodass diese ggf. bei der Beachtung des Equal Pay angewendet werden können. Ergänzende Informationen können beim Entleiher erfragt werden.

6.3.15 Berufsbildung §§ 96 ff.

Entscheidet sich der Entleiher dafür einen Leiharbeitnehmer an der Berufsbildungsmaßnahmen teilhaben zu lassen, so gelten auch die Rechte der §§ 96 ff. BetrVG für diese. Die Vorschriften dürften auch nur geringe Praxisrelevanz entfalten, da sich Berufsbildungsmaßnahmen mit grundsätzlich durch den Verleiher austauschbaren Leiharbeitnehmern ggf. nicht amortisieren. Aber auch der Entleiher kann Interesse an einer Qualifizierung während der Überlassung haben,[388] soweit es um unternehmensspezifische oder besondere Kenntnisse und Fertigkeiten geht, die der Leiharbeitnehmer bisher nicht erworben hatte oder erwerben konnte. Sollen im Entleiherbetrieb Maßnahmen der Berufsbildung durchgeführt werden, die die eingesetzten Leiharbeitnehmer betreffen, so ist der Betriebsrat des Entleiherbetriebs alleinig mitbestimmungspflichtig.[389] Die praktische Relevanz dürfte wahrscheinlich bei der kurzfristigen Arbeitnehmerüberlassung zu vernachlässigen sein, bzw. nur in langfristigen Überlassungen an ein und denselben Entleiher von Bedeutung sein. In der Kosten-Nutzen-Abwägung einer Berufsbildungsmaßnahme dürfen die Kosten bei kurzfristigen Überlassungen den Nutzen regelmäßig übersteigen. Da der Entleiher jedoch gem. § 6 Abs. 2 Satz 2 AGG auch als Arbeitgeber gilt,[390] kommt das Benachteiligungsverbot des § 12 Abs. 2 AGG in Bezug auf Bildungsmaßnahmen auch für Leiharbeitnehmer in Be-

[386] Vgl. Schüren/*Hamann,* § 14 Rn. 310.

[387] BAG vom 17.6.2008, NJOZ 2009, S. 293.

[388] A.A. Boemke/Lembke, § 14 Rn. 138.

[389] Vgl. Schüren/*Hamann,* § 14 Rn. 395.

[390] Vgl. Däubler u.a., Arbeitsrecht, § 6 Rn. 29; Adomeit/Mohr, KommAGG, § 6 Rn. 14.

tracht. Diese dürfen folglich in Bezug auf Schulungen, die der beruflichen Aus- und Fortbildung dienen und im Entleiherbetrieb durchgeführt werden, nicht benachteiligt werden.

6.3.16 Beteiligungsrechte der Einsatzbeendigung §§ 102 ff. BetrVG

Wird der Einsatz eines Leiharbeitnehmers planmäßig oder ggf. außerplanmäßig beendet, so ist der Bestand des Leiharbeitsverhältnisses in der Regel nicht berührt. Denn zwischen Entleiher und dem eingesetzten Leiharbeitnehmer bestehen gerade keine arbeitsvertraglichen Bindungen. Folglich können die Regelungen der §§ 102 f. BetrVG für den Entleiherbetriebsrat keine Anwendung finden.[391] Dagegen ist § 104 BetrVG auch auf Leiharbeitnehmer anzuwenden, soweit diese gegen die in § 75 BetrVG enthaltenden Grundsätze wiederholt und ernsthaft verstoßen.[392] In § 104 BetrVG ist eine Ergänzung zu § 99 Abs. 2 Ziff. 6 BetrVG zu sehen, denn wenn ein Arbeitnehmer sich nicht bereits bei der Anhörung zur Einstellung als betriebsstörend erweist, kann der Einsatz eines Leiharbeitnehmers über § 104 BetrVG nachträglich zum Wohl des Betriebsfriedens außerplanmäßig beendet werden. In § 104 BetrVG ist als Rechtsfolge die Versetzung des betriebsstörenden Arbeitnehmers vorgesehen, eine Rechtsfolge also, welche nicht auf die Beendigung eines Arbeitsverhältnisses abzielt und somit auch keine arbeitsvertragliche Bindung des Leiharbeitnehmers an den Entleiher voraussetzt. Folglich ist dem Entleiherbetriebsrat die Befugnis aus § 104 BetrVG zu gewähren.[393]Somit kann der Entleiherbetriebsrat bei Vorliegen der Voraussetzungen alternativ die Zuweisung eines anderen Arbeitsplatzes oder die vorzeitige Beendigung des Einsatzes verlangen. Folgt der Entleiher einem entsprechenden Antrag des Entleiherbetriebsrats nicht, so muss dieser das arbeitsgerichtliche Beschlussverfahren nach § 104 Satz 2 und 3 BetrVG einleiten.

6.3.17 Zusammenfassung zu den personellen Angelegenheiten

Der Entleiher hat den Entleiherbetriebsrat bei der Durchführung der Personalplanung zu beteiligen, dies betrifft auch die Übernahme von Leiharbeitnehmern. Soweit Arbeitsplätze mit Leiharbeitnehmern besetzt werden sollen, scheidet die Besetzung mit Stammpersonal zwar aus, entscheidend für eine Beteiligung des Betriebsrats ist jedoch nur, dass der Arbeitsplatz für einen Stammarbeitnehmer geeignet wäre. Dementsprechend sind mit Leihpersonal zu besetzende Arbeitsplätze im Entleiherbetrieb auszuschreiben. Soweit es um die Aufstellung von Auswahlrichtlinien, Personalfragebögen und Beurteilungsgrundsätze geht, ist ebenfalls der Entleiherbetriebsrat zu beteiligen. Auswahlrichtlinien betreffend die Umgruppierung oder die Kündigung eines Leiharbeitnehmers knüpfen an das arbeitsvertragliche Grundverhältnis an und sind daher im Entleihbetrieb nicht relevant. Ebenso kommen Auswahlrichtlinien bestreffend Versetzungen von Leiharbeitnehmern nur im Einzelfall in

---

[391] Vgl. Schüren, § 14 Rn. 315; Thüsing/*Thüsing*, § 14 Rn. 177.

[392] Vgl. Schüren/*Hamann,* § 14 Rn. 318.

[393] Vgl. Boemke, § 14 Rn. 189; Schüren/*Hamann,* § 14 Rn. 318.

Betracht. Im Entleiherbetrieb steht die Mitbestimmung in personellen Angelegenheiten nach § 14 Abs. 3 AÜG i.V.m. § 99 BetrVG im Vordergrund. Infolgedessen ist der Entleiherbetriebsrat vor der Übernahme eines Leiharbeitnehmers zu beteiligen, soweit im Entleiherbetrieb mehr als 20 wahlberechtigte Arbeitnehmer beschäftigt sind. Ein Verstoß gegen diese Pflicht hat ein Beschäftigungsverbot für den Leiharbeitnehmer zur Folge. Etwaige Zustimmungsverweigerungsgründe sind im § 99 Abs. 2 BetrVG abschließend aufgezählt. Allgemeine arbeitsmarkt- oder sozialpolitische Gründe können ebenso wie eine generelle Ablehnung der Leiharbeit nicht geltend gemacht werden. Bei Maßnahmen in Bezug auf die Beendigung von Arbeitsverhältnissen kommen keine Beteiligungsrechte des Entleiherbetriebsrats in Betracht, da im Falle der Beendigung einer Überlassung lediglich der Arbeitnehmerüberlassungsvertrag beendet wird, nicht jedoch das Arbeitsverhältnis, welches der Leiharbeitnehmer mit dem Verleiher geschlossen hat. Im Ergebnis kann festgehalten werden, dass für diesen Bereich keine Zuständigkeitskonflikte der Betriebsräte bestehen. Auch hier ist der Verleiherbetriebsrat für die Mitbestimmung zuständig, soweit das arbeitsrechtliche Grundverhältnis geregelt werden soll und der Entleiherbetriebsrat soweit der Regelungsgegenstand an die tatsächliche Eingliederung anknüpft.

6.3.18 Beteiligungsrechte in wirtschaftlichen Angelegenheiten §§ 106 ff. BetrVG

Die in den §§ 106 bis 113 BetrVG statuierten Mitwirkungs- und Mitbestimmungsrechte in wirtschaftlichen Angelegenheiten erlauben es der Arbeitnehmerseite eine begrenzte Teilhabe an unternehmerischen Maßnahmen und Entscheidungen durch die Mitglieder des Betriebsrates und des Wirtschaftsausschusses.

6.3.18.1 Wirtschaftsausschuss §§ 106 ff. BetrVG

Der Wirtschaftsausschuss ist ein Hilfsorgan des Betriebsrates. Er unterrichtet den Betriebsrat über wirtschaftliche Angelegenheiten i.S.v. § 106 Abs. 1 BetrVG, die er selbst wiederum zuvor mit der Unternehmensführung beraten hat. Da der Wirtschaftsausschuss in Unternehmen mit mehr als 100 ständig beschäftigten Arbeitnehmern gebildet wird, ist wiederum zu klären, ob Leiharbeitnehmer bei der Ermittlung dieses Schwellenwertes mitgezählt werden. Nach der h.M. sind Leiharbeitnehmer nicht zu berücksichtigen.[394] In Anlehnung an die bisherige Rechtsprechung zur den Schwellenwerten wäre es konsequent Leiharbeitnehmer auch bei dem Schwellenwert des § 106 Abs. 1 Satz 1 BetrVG nicht zu berücksichtigen. Eine a.A. stellt auf den Wortlaut des Gesetzes ab. In diesem heißt es „ständig beschäftigte Arbeitnehmer“. Da Leiharbeitnehmer nunmehr nach dem Wegfall der Höchstüberlassungsdauer auch unbefristet in demselben Entleihunternehmen eingesetzt werden können, spricht dies dafür, dass sie als ständig beschäftigt anzusehen sind, sobald eine Einsatzdauer von mindestens drei Monaten erreicht wird und der Leiharbeitnehmer auf einem Dauerarbeitsplatz des Unternehmens eingesetzt wird. Folglich wäre ein über mehr als drei Monate auf

---

394 Vgl. Schüren/*Hamann*, § 14 Rn. 321; Boemke/Lembke, § 14 Rn. 144.

einem Dauerarbeitsplatz eingesetzter Leiharbeitnehmer bei der Ermittlung des Schwellenwertes gem. § 106 Abs. 1 Satz 1 BetrVG mitzuzählen.[395] Nach der hier vertretenen Ansicht handelt es sich jedoch auch bei Leiharbeitnehmern auf Dauerarbeitsplätzen nicht um betriebszugehörige Arbeitnehmer, sodass Leiharbeitnehmer bei dem o.g. Schwellenwert nicht zu berücksichtigen sind.

6.3.18.2 Wirtschaftliche Angelegenheiten i.S.v. § 106 Abs. 3 BetrVG

Der Einssatz von Leiharbeitnehmern könnte unter Umständen als wirtschaftliche Angelegenheit i.S.v. § 106 Abs. 3 Ziff. 1 bis 10 BetrVG angesehen werden. Dies würde eine Unterrichtungs- und Beratungspflicht des Wirtschaftsausschusses auslösen.[396] Der Katalog des § 106 Abs. 3 Ziff. 1 bis 10 BetrVG ist nicht abschließend, was der Gesetzeswortlaut durch die Formulierung „insbesondere“ belegt. Grundsätzlich könnte demnach auch ein Einsatz von Leiharbeitnehmern als wirtschaftliche Angelegenheit angesehen werden. Für den Einsatz von einzelnen Leiharbeitnehmern ist dieses jedoch zu verneinen, da hier die Interessen der Belegschaft bereits über die Beteiligungsrechte des Entleiherbetriebsrates in §§ 92 ff. BetrVG vertreten werden und bei der Übernahme von Leiharbeitnehmern ebenfalls ein Mitbestimmungsrecht nach § 14 Abs. 3 AÜG i.V.m. § 99 BetrVG besteht. Ausnahmsweise könnte eine Unterrichtungs- und Beratungspflicht dann entstehen, wenn eine eigene Personalreserve aufgelöst und zukünftige Personallücken ausschließlich durch den Einsatz von Leiharbeitnehmern abgewehrt werden sollen oder umfangreiche Aufgabenbereiche, die bisher in Eigenfertigung erledigt wurden, auf Leiharbeitnehmer umgelagert werden sollen. Dann würde sich der Einsatz von Leiharbeitnehmern nicht mehr nur auf einzelne Arbeitsplätze, sondern auf ganze Teilbereiche der Betriebsorganisation erstrecken und somit dem Wirtschaftsausschuss ein Unterrichtungs- und Beratungsrecht zustehen.[397] Folglich ist der Wirtschaftsausschuss, soweit es sich nicht um Einzelmaßnahmen handelt, unter Vorlage der entsprechenden Unterlagen rechtzeitig und umfassend über den Einsatz von Leiharbeitnehmern zu informieren. Dabei kann eine Vorlage der Arbeitnehmerüberlassungsverträge gefordert werden, da diese nicht zu den in § 106 Abs. 2 BetrVG geschützten Unterlagen gehören,[398] soweit durch ihre Vorlage Betriebs- oder Geschäftsgeheimnisse nicht gefährdet werden.

6.3.18.3 Betriebsänderungen

Bei der Frage nach dem Zählwert von Leiharbeitnehmern im Rahmen von § 111 BetrVG kann auf das in Bezug auf § 106 BetrVG beschriebene zurückgegriffen werden. Danach

---

[395] Vgl. Schüren/*Hamann,* § 14 Rn. 321; Ulber, BASIS-AÜG, § 14 Rn. 205; Thüsing/*Thüsing,* § 14 Rn. 180; a.A. Boemke/Lembke, § 14 Rn. 144.

[396] Vgl. Schüren/*Hamann,* § 14 Rn. 322.

[397] Vgl. Schüren/*Hamann,* § 14 Rn. 323; a.A. Thüsing/*Thüsing,* § 14 Rn. 181

[398] Vlg. Ulber, BASIS-AÜG, § 14 Rn. 207

wären bei dem Schwellenwert von 20 wahlberechtigten Arbeitnehmern des § 111 BetrVG, Leiharbeitnehmer bei der Bestimmung nicht mitzuzählen. Dies gilt auch soweit sie auf Dauerarbeitsplätzen eingesetzt sind, denn sie sing mangels Betriebszugehörigkeit keine „wahlberechtigten Arbeitnehmer“.[399]

6.3.18.4 Zusammenfassung zu den wirtschaftlichen Angelegenheiten

Die Bedeutung der Mitbestimmungsrechte in wirtschaftlichen Angelegenheiten nimmt eher eine nachgelagerte Stellung ein. Es ist festzuhalten, dass der Einsatz von Leiharbeitnehmern grundsätzlich keine beteiligungspflichtige Betriebsänderung darstellt. Außerdem handelt es sich bei dem Einsatz von Leiharbeitnehmern nicht um eine wirtschaftliche Angelegenheit i.S.d. § 106 Abs. 3 BetrVG. Darüber hinaus ist zu beachten, dass Leiharbeitnehmer bei der Bestimmung der Schwellenwerte, aufgrund ihrer fehlenden Betriebszugehörigkeit zum Entleiherbetrieb, nicht mitzuzählen sind.

6.4 Beteiligungsrechte außerhalb der Betriebsverfassung

Neben den im Betriebsverfassungsgesetz verankerten Beteiligungsrechten des Betriebsrates sind in verschiedenen Gesetzen und Verordnungen weitere Rechte und Pflichten des Betriebsrats niedergelegt. Zur Konkretisierung wird auf die einschlägige Literatur verwiesen.[400]

---

[399] Vgl. Dewender, S. 146.

[400] Vgl. Pulte, Beteiligungsrechte des Betriebsrates außerhalb der Betriebsverfassung.

7 Zusammenfassung

Das Kernproblem bei der Beschäftigung von Fremdpersonal bildet die Abgrenzung von Werk- und Dienstverträgen zur Arbeitnehmerüberlassung. Diese ist in Form einer wertenden Gesamtbetrachtung zu vollziehen. Charakteristisch für Fremdpersonal ist die Erbringung der Arbeitsleistung in einem Drittbetrieb. Folglich erbringen Leiharbeitnehmer ihre Arbeitsleistung in einer fremden Betriebsorganisation bei einem Beschäftigungsarbeitgeber, mit dem sie in keinen arbeitsvertraglichen Beziehungen stehen. Dies führt zur besonderen Ausgestaltung der Vertragsbeziehungen im Dreipersonenverhältnis. Aus diesem leitet sich grundsätzlich das besondere Schutzverhältnis von Leiharbeitnehmern ab. Leiharbeitnehmer sind zwar in die betriebliche Organisation des Entleihers eingegliedert, aufgrund des fehlenden arbeitsvertraglichen Bandes gehören sie jedoch nicht zu dessen Belegschaft. Auch die Einführung des aktiven Wahlrechts im Entleiherbetrieb durch § 7 Satz 2 BetrVG hat den persönlichen Geltungsbereich des BetrVG nicht erweitert. Folglich sind sie bei den organisatorischen Schwellenwerten des BetrVG nicht zu berücksichtigen. Eine vollständige betriebsverfassungsrechtliche Zuordnung besteht aufgrund § 14 AÜG nur zu dem Betrieb des Verleihers. Durch § 14 Abs. 3 AÜG werden ihnen eine Reihe von Individualrechten gewährt, die von den allgemeinen Grundsätzen der Betriebsverfassung flankiert werden. Der durch das Betriebsverfassungsgesetz gewährte Schutz der Leiharbeitnehmer, ist folglich trotz gespaltener Arbeitgeberstellung des Vertrags- und Beschäftigungsarbeitgebers gewährleistet. Die bestehenden Regelungen für den Schutz des Leiharbeitnehmers im Einsatzbetrieb sind ausreichend und gebieten kein erhöhtes Schutzbedürfnis oder die vollständige betriebsverfassungsrechtliche Integration in den Entleiherbetrieb. Dieser Schutz wird durch eine auf den eigenen Betrieb begrenzte Zuständigkeit des jeweiligen Betriebsrats gewährleistet. Durch diese Abgrenzung wird eine Verdoppelung der Mitbestimmungsrechte für Leiharbeitnehmer weitgehend vermieden. Wo es dennoch zu einer Doppelzuständigkeit kommt, bestehen aufgrund der klaren Zuständigkeitsverteilung grundsätzlich keine Zuständigkeitskonflikte. Beteiligungsrechte des Verleiherbetriebsrats bestehen dort, wo eine Anknüpfung an das arbeitsrechtliche Grundverhältnis gegeben ist. Beteiligungsrechte des Entleiherbetriebsrats bestehen dort, wo die Befugnisse der Betriebsverfassung an die tatsächliche Eingliederung in den Beschäftigungsbetrieb anknüpfen. Dabei steht der Schutz des Leiharbeitnehmers zwar im Vordergrund, die Gewährung der Beteiligungsrechte ist jedoch auch zum Schutz der Stammbelegschaft im Entleiherbetrieb gerechtfertigt.

8 Übersicht zu den Beteiligungsrechten des Betriebsrats beim Einsatz von Leiharbeitnehmern

Allgemeine Rechte und Aufgaben §§ 75, 80 BetrVG	Beteiligungsrecht (ja/nein)	umstritten
- Durchführung von Arbeitnehmerschutzvorschriften	+	
- Betrieb und Belegschaft dienenden Maßnahmen	+	
- Förderung von Gleichberechtigung, Ehe und Familie	+	
- Anregungen, Vorschläge und Beschwerden	+	
- Vereinbarkeit von Familie und Erwerbstätigkeit		+
-Jugend- und Auszubildendenvertretung	+	
- Beschäftigung älterer Arbeitnehmer	-	
- Förderung und Sicherung der Beschäftigung	-	
- Arbeitsschutz und betrieblicher Umweltschutz	+	
Entscheidung über den grundsätzlichen Einsatz von Leiharbeitnehmern	-	
Teilnahme an Sprechstunden und Betriebsversammlungen	+	
Wahlrecht der Leiharbeitnehmer		
- aktiv	+	
- passiv		+

Soziale Angelegenheiten § 87 ff. BetVG	Beteiligungsrecht (ja/nein)	umstritten
- Ordnung des Betriebs bzgl. der äußeren Ordnung	+	
- Ordnung des Betriebs bzgl. Verhaltensvorschriften	-	
- Verteilung/Lage der täglichen Arbeitszeit sowie Pausen	+	
- Überstunden/Kurzarbeit/Mehrarbeit	+	
- Auszahlung des Arbeitsentgelts	-	
- Urlaubsgewährung	-	
- Technische Überwachungseinrichtungen	+	
- Unfallverhütung und Gesundheitsschutz (§ 11 Abs. 6 AÜG)	+	
- Zugang zu Sozialreinrichtungen (RL 2008/10599/EG)	+	
- Betriebliche Lohngestaltung	-	
- Betriebliches Vorschlagwesen	+	
- Gruppenarbeit	+	
- Gruppenarbeit Einführung/Beendigung	-	
- betrieblicher Arbeits- und Umweltschutz	+	

Wirtschaftliche Angelegenheiten §§ 106 ff. BetrVG	Beteiligungsrecht (ja/nein)	umstritten
Unterrichtung- und Beratung über einen Einsatz im Wirtschaftsausschuss § 106 BetrVG	-	

Personelle Angelegenheiten §§ 92 ff. BetrVG	Beteiligungsrecht (ja/nein)	umstritten
- Personalplanung - Beschäftigungssicherung - Stellenausschreibungen - Personalfragebogen (Auswahlkriterien für Leiharbeitnehmer) - Beurteilungsgrundsätze - Auswahlrichtlinien - Übernahme in ein Arbeitsverhältnis mit dem Entleiher - Entfernung betriebsstörender Leiharbeitnehmer - Beendigung des Einsatzes	+ + + + + + + + -	
Personelle Einzelmaßnahmen § 14 Abs. 3 AÜG	+	
Austausch eines Leiharbeitnehmers bei Gattungsschuld	-	
Austausch eines Leiharbeitnehmers bei Stückschuld	+	
Vorlage der Arbeitnehmerüberlassungsverträge		+
Leiharbeitnehmer-Pools		+
Versetzung	+	
Ein- und Umgruppierung	-	

9 Literaturverzeichnis

Bücher/Kommentare/Festschriften

Adomeit Klaus/Mohr Jochen, Kommentar zum Allgemeinen Gleichbehandlungsgesetz, Stuttgart 2007, (zit.: Adomeit/Mohr, KommAGG)

Ascheid Reiner, Preis Ulrich, Schmidt Ingrid, Kündigungsrecht, Großkommentar zum gesamten Recht der Beendigung von Arbeitsverhältnissen, 3. Auflage, München 2007.

Beseler Lothar, Leiharbeit, Ein Leitfaden für Personalverantwortliche und Betriebsräte, Münster 2008.

Böhm Wolfgang, Hennig Jörg, Popp Cornelius, Zeitarbeit, Leitfaden für die Praxis, Köln 2008.

Boemke Burkhard/Lembke Mark, Arbeitnehmerüberlassungsgesetz, 2. Auflage, Frankfurt am Main 2005.

Brox Hans, Rüthers Bernd, Henssler Martin, Arbeitsrecht, 17. Auflage, Stuttgart 2007.

Däubler Wolfgang, Hjort Jens Peter, Hummel Dieter, Wolmerath Martin (Hrsg.), Arbeitsrecht – Individualarbeitsrecht mit kollektiv-rechtlichen Bezügen, Handkommentar, Baden-Baden 2008, 1. Auflage.

Dewender Sascha, Betriebsfremde Arbeitnehmer in der Betriebsverfassung unter besonderer Berücksichtigung der unechten Leiharbeitnehmer, Frankfurt am Main 2004.

Dörner Hans-Jürgen, Der Leiharbeitnehmer in der Betriebsverfassung, in: Festschrift für Hellmut Wissmann zum 65. Geburtstag, München 2005, S. 286 – 301.

Düwell, Betriebsverfassungsgesetz, Handkommentar, 2. Auflage, Baden-Baden 2006.

Erfurter Kommentar zum Arbeitsrecht, 8. Auflage, München 2008 (zit.: ErfK/Bearbeiter).

Etzel Gerhard, Betriebsverfassungsrecht, Systematische Darstellung, 8. Auflage, Neuwied 2002.

Fitting Karl, Engels Gerd, Schmidt Ingrid, Trebinger Yvonne, Linsenmaier Wolfgang, Betriebsverfassungsgesetz mit Wahlordnung, Handkommentar, 24. Auflage, München 2008.

Frensch Lisa, Handbuch der Arbeitnehmerüberlassung, Bremen 2006.

Grimm Detlef/Brock Martin, Praxis der Arbeitnehmerüberlassung, Bonn 2004.

Hanau Peter/Adomeit Klaus, Arbeitsrecht, 14. Auflage, Neuwied 2007.

Hamann Wolfgang, Fremdpersonal im Unternehmen, 3. Auflage, Stuttgart 2008.

Jüttner Andreas, Kollektivrechtliche Auswirkungen der gewerbsmäßigen Arbeitnehmerüberlassung im Betriebsverfassungsrecht, Berlin 2006.

Kaufmann Stephanie, Die betriebsverfassungsrechtliche Zuordnung gewerbsmäßig überlassener Leiharbeitnehmer, Frankfurt am Main 2004.

Kraft Alfons, Wiese Günther, Kreutz Peter, Oetker Hartmut, Raab Thomas, Weber Christoph, Franzen Martin, Grundkommentar zum BetrVG, 5. Auflage, Neuwied 2005.

Kull Martin, Vom Werkvertrag zur Arbeitnehmerüberlassung, Karlsruhe 2007.

Loof Ariane, Die Beteiligungsrechte des Betriebsrates bei der Beschäftigung von Leiharbeitnehmern nach neuem Recht, Berlin 2005.

Löwisch Manfred, Arbeitsrecht, 7. Auflage, Düsseldorf 2004.

Niebler Michael, Biebl Josef, Roß Corinna, Arbeitnehmerüberlassungsgesetz, Ein Leitfaden für die betriebliche Praxis, 2. Auflage, Berlin 2003.

Pollert Dirk, Spieler Sven, Die Arbeitnehmerüberlassung in der betrieblichen Praxis, Personaleinsatz bedarfsgerecht steuern und rechtssicher gestalten, 2. Auflage, Heidelberg 2008.

Pulte Peter, Beteiligungsrechte des Betriebsrates außerhalb der Betriebsverfassung, Troisdorf 2008.

Pulte Peter, Das deutsche Arbeitsrecht, 3. Auflage, Troisdorf 2008.

Pulte Peter, Kollektives Arbeitsrecht, Köln 1998.

Rohde Silke, Leiharbeit – Was Sie als Betriebsrat darüber wissen müssen, Kissing 2008.

Schaub Günter, Arbeitsrechts–Handbuch, 12. Auflage, München 2007.

Schüren Peter, Arbeitnehmerüberlassungsgesetz, 3. Auflage, München 2007 (zit.: Schüren/Bearbeiter).

Siebert Gerd, Becker Knut, Betriebsverfassungsgesetz, Kommentar für die Praxis, 11. Auflage, Münster 2008.

Thüsing Gregor, Arbeitnehmerüberlassungsgesetz, 2. Auflage, München 2008 (zit.: Thüsing/Bearbeiter).

Ulber Jürgen, Arbeitnehmerüberlassungsgesetz, Basiskommentar zum AÜG, 1. Auflage, Frankfurt am Main 2008 (zit.: Ulber, Basis-AÜG).

Ulber Jürgen, AÜG Arbeitnehmerüberlassungsgesetz, Kommentar für die Praxis, 3. Auflage, Frankfurt 2006.

Urban-Crell Sandra/Schulz Christian, Arbeitnehmerüberlassung und Arbeitsvermittlung, München 2003.

Wlotzke Otfried, Zum Wahlrecht von Leiharbeitnehmern und vergleichbaren Arbeitnehmern zur Wahl des Betriebsrates, in: Festschrift 50 Jahre Bundesarbeitsgericht, München 2004, S. 1149 – 1161.

Zeitschriften

Brors Christiane, „Fremdpersonaleinsatz“ - Wer ist gemäß § 7 S. 2 BetrVG wahlberechtigt?, NZA 2002, S. 123 – 126.

Brors Christiane, „Leiharbeitnehmer wählen ohne zu zählen“ - eine kurzlebige Entscheidung, NZA 2003, S. 1380 – 1383.

Däubler Wolfgang, Wählen, aber nicht zählen – vermeidbare Rigiditäten im Betriebsverfassungsrecht, AuR 2004, S. 81 – 83.

Dauner-Lieb Barbara, Der innerbetriebliche Fremdfirmeneinsatz auf Dienst- oder Werkvertragsbasis im Spannungsfeld zwischen AÜG und BetrVG, NZA 1992, S. 817 – 825.

Hamann Wolfgang, Mitbestimmung des Betriebsrats in Arbeitszeitfragen bei der gewerbsmäßigen Arbeitnehmerüberlassung, AuR 2002, S. 322 - 330.

Hamann Wolfgang, Betriebsverfassungsrechtliche Auswirkungen der Reform der Arbeitnehmerüberlassung, NZA 2003, S. 526 – 534.

Hamann Wolfgang, Leiharbeitnehmer-Pools, NZA 2008, S. 1042 – 1046.

Hunold Wolf, Die Rechtsprechung zu den Beteiligungsrechten des Entleiher-Betriebsrats bei Einsatz von Leiharbeitnehmern, NZA-RR 2008, S. 281 – 286.

Körner Marita, Neue Betriebsratsrechte bei atypischer Beschäftigung, NZA 2006, S. 573-578.

Löwisch Manfred, Änderung der Betriebsverfassung durch das Betriebsverfassungs-Reformgesetz, BB 2001, S. 1734 – 1746.

Maschmann Frank, Leiharbeitnehmer und Betriebsratswahl nach dem BetrVG-Reformgesetz, DB 2001, S. 2446- 2450.

Nicolai Andrea, Zum Zählen und Wählen bei Betriebsratswahlen, DB 2003, S. 2599 – 2601.

Pulte Peter, Beteiligungsrechte des Betriebsrats außerhalb der Betriebsverfassung, NZA-RR 2008, S. 113 – 128.

Schiefer Bernd, Keine Berücksichtigung von Leiharbeitnehmern bei der Ermittlung von Schwellenwerten im Betriebsverfassungsgesetz, DB 2002, S. 1774 – 1777.

Stückmann Roland, Betriebsverfassungsrechtliche Mitbestimmung im arbeitnehmer- und betriebsratlosen Entleiherbetrieb, DB 1999, S. 1902 – 1906.

Von Steinau-Steinrück Robert/Paul Sabine, Drittbezogener Personaleinsatz im Überblick, NJW–Spezial 2006, S. 81 – 82.

Wensing Hans-Hubert/Freise Agnes, Beteiligungsrechte des Betriebsrats bei der Übernahme von Leiharbeitnehmern, BB 2004, S. 2238 – 2245.

Wetzling Frank, Arbeitnehmerüberlassung und Betriebsverfassung, BV 1998, S. 107 – 124.

Sonstiges

Dunkel Monika, Financial Times Deutschland, 28.1.2009.

Richtlinie 2008/10599/EG des europäischen Parlaments und des Rates vom 22.10.2008 über Leiharbeit

Ragnitz Joachim, Leiharbeit in Deutschland: Statistischer Befund und Schlussfolgerungen für die empirische Wirtschaftsforschung, ifo Dresden berichtet 5/2008.

Sczesny Cordula, Schmidt Sophie, Schulte Helen, Dross Patrick, Zeitarbeit in Nordrhein-Westfalen. Strukturen, Einsatzstrategien, Entgelte. Studie zur Zeitarbeit in NRW, Endbericht, im Auftrag von: Ministerium für Arbeit, Gesundheit und Soziales des Landes Nordrhein-Westfalen, Dortmund 2008.

Wassermann/Rudolph, Arbeitspapier 148, Hans-Böckler-Stiftung 2007.

http://www.bza.de/676.html, letzter Aufruf 25.02.2009.

http://www.arbeitsagentur.de/zentraler-Content/A01-Allgemein-Info/A0150-Oeffentlichkeitsarbeit/Publikation/pdf/DA-Arbeitnehmerueberlassungs-gesetz.pdf, letzter Aufruf 25.02.2009.

Bundestagsdrucksachen/Bundesgesetzblätter

BGBl. I 1972, S. 1393 ff., Arbeitnehmerüberlassungsgesetz, Gesetz zur Regelung der gewerbsmäßigen Arbeitnehmerüberlassung, verkündet in Jahrgang 1972 vom 11.10.1972.

BGBl. I 2001, S. 3443 ff., Job-AQTIV Gesetz, Langtitel: Gesetz zur Reform der arbeitsmarktpolitischen Instrumente vom 10.12.2001, verkündet in Jahrgang 2001 Ziff. 66 vom 14.12.2001.

BGBl. I 2002, S. 4607 ff., Erstes Gesetz für moderne Dienstleistungen am Arbeitsmarkt vom 23.12.2002 verkündet in Jahrgang 2002 Ziff. 87 vom 30.12.2002.

BT-Ds. 6/2303, Amtliche Begründung der Bundesregierung zum Entwurf eines Arbeitnehmerüberlassungsgesetzes.

BT-Ds. 9/847 vom 12.11.1981, Bericht des Haushaltsausschusses (8. Ausschuss) gemäß § 96 der Geschäftsordnung, zu dem von den Fraktionen der SPD und FDP und der Bundesregierung eingebrachten Entwurf eines Gesetzes zur Bekämpfung der illegalen Beschäftigung (BillBG) – Drucksachen 9/800, 9/975 und 9/847, 9/975 –.

BT-Ds. 14/5741 vom 02.04.2001, Gesetzesentwurf der Bundesregierung, Entwurf eines Gesetzes zur Reform des Betriebsverfassungsgesetzes.

BT-Ds. 14/4220 vom 04.10.2000, Unterrichtung durch die Bundesregierung, Neunter Bericht der Bundesregierung über Erfahrungen bei der Anwendung des Arbeitnehmerüberlassungsgesetzes – AÜG – sowie über die Auswirkungen des Gesetzes zur Bekämpfung der illegalen Beschäftigung – BillGB -.

BT-Ds. 15/6008 vom 30.09.2005, Unterrichtung durch die Bundesregierung, Zehnter Bericht der Bundesregierung über Erfahrungen bei der Anwendung des Arbeitnehmerüberlassungsgesetzes – AÜG –.

Rechtsprechung

BVerfG v. 4.4.1967, 1 BvR 84/65, BVerfGE 21, 261 = BB 1967, S. 463.

BAG vom 14.5.1974, 1 ABR 40/73, DB 1974, S. 1580 - 1581.

BAG vom 14.11.1974, 1 ABR 65/73, AP Nr. 1 zu § 87 BetrVG 1972.

BAG vom 10.2.1977, 2 ABR 80/76, AP Nr. 9 zu § 103 BetrVG 1972 = NJW 1977, S. 1413.

BAG vom 6.6.1978, 1 ABR 66/75, DB 1978, S. 1841–1842.

BAG vom 6.8.1981, 6 AZR 505/78, AP Nr. 39 zu § 37 BetrVG 1972.

BAG vom 23.6.1983, 6 AZR 65/80, AP Nr. 45 zu § 37 BetrVG 1972.

BAG vom 16.7.1985, 1 ABR 35/83, AP Nr. 21 zu § 99 BetrVG 1972 = BB 1986, S. 525.

BAG vom 10.09.1985, 1 ABR 28/83, AP Nr. 3 zu § 117 BetrVG 1972.

BAG vom 3.12.1985, 1 ABR 72/83, AP Nr. 29 zu 99 BetrVG 1972 = BB 1986, S. 876.

BAG vom 10.6.1986, 1 ABR 65/84, AP Nr. 22 zu § 87 BetrVG 1972 Lohngestaltung.

BAG vom 31.1.1989, 1 ABR 72/87, AP Nr. 33 zu § 80 BetrVG 1972.

BAG vom 6.11.1990, 1 ABR 60/89, AP Nr. 3 zu § 92 BetrVG 1972.

BAG vom 9.7.1990, 1 ABR 45/90, AP Nr. 94 zu § 99 BetrVG 1972.

BAG vom 5.3.1991, 1 ABR 39/90, NZA 1991, S. 686.

BAG vom 9.7.1991, 1 ABR 57/90, AP Nr. 19 zu § 87 BetrVG 1972 = RdA 1991, 383.

BAG vom 3.12.1991, GS 2/90, AP Nr. 51 zu § 87 BetrVG 1972 Lohngestaltung.

BAG vom 28.7.1992, 1 ABR 22/92, NZA 1993, S. 272.

BAG vom 15.12.1992, 1 ABR 38/92, NZA 1993, S. 513.

BAG vom 23.7.1996, 1 ABR 13/96, NZA 1997, S. 274.

BAG vom 13.5.1997, 1 ABR 2/97, NZA 1997, S. 1062.

BAG vom 15.4.1999, 7 AZR 437/97, DB 1999, S. 2315.

BAG vom 19.6.2001, 1 ABR 38/92, NZA 2001, S. 1263 = DB 2001, S. 2301 ff. = BB 2001, S. 2582.

BAG vom 12.11.2002, 1 ABR 1/02, NZA 2003, S. 513.

BAG vom 16.04.2003, 7 ABR 53/02, DB 2003, S. 2128 = NZA 2003, S. 1345 ff..

BAG vom 6.8.2003, 7 AZR 108/03, BB 2004, 669.

BAG vom 22.10.2003, 7 ABR 3/03, NZA 2004, S. 1052.

BAG vom 10.03.2004, 7 ABR 49/03, DB 2004, S. 1836 = AP BetrVG 1972 § 7 Ziff. 8.

BAG vom 25.1.2005, 1 ABR 61/03, NZA 2005, 1199.

BAG vom 17.6.2008, 1 ABR 39/07, NJOZ 2009, S. 293.

LAG Hamm vom 26.8.2005, 13 TaBV 147/04, BeckRS 2005, 43286.

LAG Niedersachsen vom 9.8.2006, 15 TaBV 53/05, BeckRS 2006, 44759.

LAG Hessen vom 16.1.2007, 4 TaBV 203/06, BeckRS 2007, 44175.

LAG Düsseldorf vom 26.1.2007, 17 TaBV 109/06, BeckRS 2007, 44818.

LAG Hessen vom 24.4.2007, 4 TaBV 24/07, BeckRS 2007, 47235.

ArbG Detmold vom 12.9.2007, 1 BV 43/07, AiB 2007, S. 279.

10 Stichwortverzeichnis

Pulte

Das deutsche Arbeitsrecht

Kompaktwissen für die Praxis

In erster Linie will das Arbeitsrecht die Rechtsbeziehungen zwischen Arbeitgeber und Arbeitnehmer - den Parteien des Arbeitsrechts - und deren Organisationen und Interessenvertretern regeln. Darüber hinaus dient es dem besonderen Schutz aller in abhängiger Tätigkeit stehender Personen. Im Vordergrund des Arbeitslebens steht der Mensch mit seiner persönlichen Arbeitsleistung.

Der Titel vermittelt kompakt und übersichtlich die vielseitigen Facetten des Arbeitsrechts. Von der Einstellung über die Durchführung bis zur Beendigung des Arbeitsverhältnisses werden alle Aspekte dargestellt, die in einem Arbeitsleben auftreten können. Aber auch die kollektivrechtliche Seite Betriebsverfassung, Tarifordnung, Streikrecht, das Arbeitsschutzrecht und das arbeitsgerichtliche Verfahren sind in die Darstellung aufgenommen worden.

Das Buch aus der Reihe „Kompaktwissen für die Praxis“ bietet sich somit sowohl zum Studium als auch für die praktische Orientierung als ein bedeutsames Hilfsmittel an.

ISBN 978-3-941388-00-0 Preis der Printausgabe: 19,80 €

Bontrup, Hansen

Personalmanagement

Kompaktwissen für die Praxis

Das Buch Personalmanagement ist eine Aufsatzsammlung von prominenten WissenschaftlerInnen und PraktikerInnen.

Neben Fragen der Personalplanung und des Personal- controllings werden das Problemfeld der Führung im Unternehmen sowie die Theorie und Praxis aktueller Manage- mentkonzepte zur Modernisierung der Arbeitsorganisation angesprochen. Weitere Aufsätze beschäftigen sich mit einem internationalen Vergleich der Arbeitszeitorganisation im Betrieb und mit der theoretischen Analyse des Arbeitsentgeltes in Form eines volks- und betriebswirtschaftlichen Diskurses.

Den Abschluss des Buches bildet ein Beitrag zur Unternehmenskultur, Partizipation und Mitbestimmung.

Die vorgelegte Aufsatzsammlung eignet sich sowohl für Studierende der Wirtschaftswissenschaft mit den Schwer- punkten Arbeitsökonomie und Personalbetriebswirtschafts- lehre als auch für Praktiker im Bereich des Personal- management sowie für unternehmerische und betriebliche Mitbestimmungsträger.

ISBN 978-3-941388-17-8 Preis der Printausgabe: 19,80 €